印度佛教史

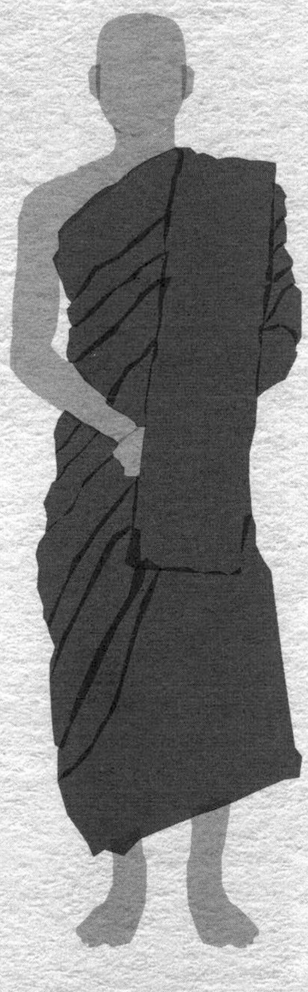

聖嚴法師——著

編者序

聖嚴法師《印度佛教史》、《西藏佛教史》、《日韓佛教史略》等三冊大作，原本為一合訂精裝鉅著，書名《世界佛教通史》（上），由法鼓文化的前身，東初出版社於一九六九年發行問世。

由於法師精嚴的學術背景，厚實的修證工夫，廣博的教育理念，與深切的菩提悲願，成就了本書的涵蓋面與獨特性。其內容深入淺出，史料完整豐富，考證精確詳實，文筆優美流暢，普遍受到教內外大眾的喜歡，並且也深獲學術界的重視好評，在同類著作中，誠為相當稀有難得。因之本書也多次再版，並於一九九三年收錄於《法鼓全集》當中。

《通史》原書嚴謹有序，條理井然，即使分章閱讀，也可視為三本結構完整的著作。法鼓文化一方面因應眾多讀者的熱烈回響，另一方面也鑑於時代的變遷以及閱讀的方便，於是將之重新整理編訂，依地區分為三冊，以平裝本的面貌與大眾見面，務求滿足讀者閱讀上的多元需求。

聖嚴法師曾說，要想對這個源遠流長又博大精深的宗教做宏觀性的了解，從歷史的角度切入是最好不過了。佛教發源於兩千多年前的印度，在因緣的變化流轉中，有部派佛教的分裂、大乘佛教的開展，有與各個不同民族文化結合後所呈現出的特色。這不僅只是一個宗教的發展過程，它真正的意義在於這是人類文化、思想史上的里程碑。

從豐富的客觀史料著手，加上法師獨特的文筆見地，這是一套結合了歷史、哲學、宗教與文學的好書。全書以社會環境與時代變遷為背景，以教團活動及教理思想做經緯，不但有佛教徒必須具備的智識，也適合社會各階層人士研究閱讀，不論是任何背景的讀者，相信都將有滿意會心的收穫。

法鼓文化編輯部

目錄

第一章　緒說

第一節　印度及其人民

環境　印度是一個大陸，也是一個半島。北方以世界最大山脈的喜馬拉雅山、喀喇崑崙山、興都庫斯山為屏障，而與大陸的我國西藏、西康、雲南接壤，又與西北方的阿富汗及東南方的緬甸為分界。但是印度的西面是阿拉伯海，東面是孟加拉灣，最南端是科末林岬，隔著保克海峽，與錫蘭相望，錫蘭之南即為印度洋。向北看，是大陸；向南看，是半島。南端尖突，北部廣闊，形成一個大三角形。

地理　現在，從東到西，闊有一千三百六十英里，從南到北，長則一千八百英里，海岸線長達三千英里，面積之大幾占全球十五分之一，與全部歐洲（除蘇聯部分）相等。原來，西起東經六十二度之巴基斯坦西南邊境，東迄阿薩密東部之東經九十三度，寬占經度為三十一度；北起喀什米爾北端之北緯三十七度附近，南迄錫蘭島中部之北緯七度附近，長占緯度亦約三十一度。以北緯二十五度稍北，為全區的最寬處。大部分地區位於北回歸線以南，故其大半屬熱帶，小部分屬溫帶。

印度的地域，現可分為三大地區：

（一）喜馬拉雅山及其關隘地區：北起阿富汗，東至阿薩密省。西部則關隘甚多，而以基爾及（Gilgit）與白夏瓦（Peshawar）最富軍事價值，因其與中國、蘇俄、阿富汗接壤，今此二關隘，在巴基斯坦境內。印度本藉山水屏障，堪稱世外桃源，可是歷代外族的入侵，即是通過此等關隘而來。

（二）印度河及恆河流域地區：由印度河及恆河盆地所形成的平原，位於喜馬拉雅山麓，長約二千英里，闊約二百英里。這便是印度文化的發祥地帶，又可分為二區：1.以西方印度河為中心的五河地方，其地富於水利，土地肥沃，氣候溫和，宜於農牧。印度河的出口是阿拉伯海，其上游注入印度河的支流很多，而以五河最著。旁遮普省（Punjab）之名，即由五（panj）河（āb）的古波斯語而來。印度的名，即由印度河（Indus）而來，泛稱為信度（Sindhu），即是水或海的意思，首先僅用於稱呼印度河流域，後來成了全印度的名稱。2.以東南方恆河為中心的平原，恆河發源於雪山，途中集無數支流，灌溉兩岸廣大的平原，而以孟加拉灣為出口。

恆河最大的支流是閻牟那河（Yamuna），在此河的上流薩特雷池河（Sutlej）之間的區域即拘羅地方（Kurukshetra），即是婆羅門文明的中心地，婆羅門所稱的中國（Madhyadeśa），便是指這一區域，故又被稱為婆羅門國（Brahmavarta）或雅利安邦（Aryararta）。佛教所稱的中國，乃是指恆河流域中的摩揭陀地方。

（三）德干高原：此在恆河以南，又可分為：1.中央高原，即起自頻闍耶山及薩波羅山，達印度洋，擁有孟加拉灣及阿拉伯海之間一帶地區。2.利於耕種的東部海岸地區。3.利於工商的西部海岸地區。4.現代國防上極有價值的半島極南地區。

人種　若詳細分別，印度種族約有數百，堪稱世界人種的博覽場。印度是一古文化的發達之地，在雅利安人尚未來到之前，它就有了很高的文化，在旁遮普（即五河）及信德（Mahenjodaro）的發掘，看出在五千年前，這裡已發展出人口眾多的大城，其文化已比同時的埃及、巴比侖還高。這不是雅利安人的遺跡，可能即是後來被雅利安人征服的土著文明。

印度自古即不斷地有外來民族自西北侵入，像波浪一般，層層相繼。以體質及文化的程度來看，大略可分為五類：

（一）委得人（Vedda）：他們的後裔，傳延到今日，他們具有最原始人類的狀貌，也分布在印度最遙遠的南端，專門研究此種人類的學者，都稱之為「生存的一種原人化石」。但他們也是外來民族，或許是最早侵入印度的一支。

（二）達羅維荼人（Dravidian）：五千年前在印度河流域創建文明的，可能就是此族。皮色暗黑，身體矮小，髮多而捲，面較長，鼻闊平，眸黑。一般人猜想其來自土耳其斯坦，錫爾達拉河（Syr Darya）上游，侵入印度後，即把先到的委得人，趕到南方去，而占據了印度的北部與中部。

（三）雅利安人（Aryan）：此族的體格高大，面方正，多鬚而鼻細高，黑眸，膚色與南歐人相似，其發祥地，一般說是來自中央亞細亞，但最早發源何處，至今尚無可靠的根據。雅利安人到印度的時代，據古蓮威（Grünwedel）說，是西元前兩千年，費爾古森（Fergusson）則說是西元前三千年，另有一位烏法維，卻主張在西元前一千五百年。此一問題，曾有許多史學家、語言學家、考古學家，著述爭論為時甚久。總之，他們戰敗了先到的達羅維荼人，將一部分收為奴隸，一部分趕向南方，而自己便在那裡居留下來。

（四）伊斯蘭教人：這一族侵入印度北部達七百年之久。此族是土耳其人與伊朗人的混血種，而保有土耳其人的成分較多。身材高大，膚白，睛黑或灰，多鬚鬍，鼻細長而頗隆。

（五）蒙古人：此族最早侵入印度西北部的，是大月氏王丘就卻，於西元前二十六年滅了希臘王朝而創立了貴霜王朝。在此以前有希臘人彌蘭陀王，曾將大軍入印建都於奢羯羅。大月氏本為我國甘肅山谷間一小部落。以人種地理的分布而論，是屬於蒙古族的西蒙人，即是厄魯特人（Eleuts）。現在所稱的蒙古人，乃係指的蒙古人、西藏人、突厥人、伊朗人、緬甸人的混血種，保有中國人的成分較多。其居於西北印的，身材高大，鼻狹窄，頗似伊朗人；居於緬甸、阿薩密省、孟加拉省、不丹、錫金、尼泊爾的，膚色黃而面部平坦，視之如中國人無甚異。（此人種資料採自李學曾《亞洲種族地理》第二篇第二及五章）

語文　正由於許多民族相繼入侵，又彼此同化、相互通婚，故形成更多的混血人種。復以其生活習慣、宗教信仰、地域隔閡的緣故，印度語言之龐雜，也為世界之冠。約略可分三點述之：

（一）古印度雅利安人的語言為吠陀語，以後進化為梵文。梵文與波斯語、拉丁語為同一語系，由此演變而產生印度各種語文。

（二）佛教出現時，梵字已不普遍，代之而起的是各地方言，為了統一方言的標準語而有「雅語」（Sanskrit）的出現。至西元前四世紀間，梵字有了若干程度的改革而復興，成為印度古典學者採用的文字。由近代發現的古代碑銘文字及中國古代對佛經的音譯推知，釋尊當時所用的，現在雖不能確定，但很可能是用一般大眾的混成俗語的機會較多，此種俗語，再經若干變化，即成為巴利語，唯今日南傳所用的巴利語，既非佛世的原狀，亦與阿育王時代的有所不同，它是經過幾次變化而成的，但較梵語寫成的經律，可能略早。佛陀偶爾用雅語，來自各地的弟子們，則可用各自的方言，傳布佛法。佛滅後王舍城（Rājagṛha）第一次聖典結集，大抵是用混成的俗語。後來梵文復興，佛教的學者們，自不免又用了梵文；近世在尼泊爾、高昌、于闐等地發掘到了若干梵文佛典，足徵漢譯聖典的原本是無可置疑地出於梵文。

（三）印度方言總計達二百二十餘種之多，主要語文有十三種，今印度憲法規定為通用的語文者，則有印度語、巴利語、孟加拉語、阿薩密語、喀什米爾語、旁遮普語、拉基普特語、信德語、朗達語、蒙達語、奧雷薩語、特魯古語、馬拉提語、卡納達語、塔米爾語、土魯語、馬拉雅拉語、錫蘭語。印度人常因伊斯蘭教與印度教的信仰衝突而流血，為了保護各族的語文，也會引起戰禍，可見其情況之一斑了。

第二節 印度的宗教

有人說：通觀印度的歷史，得於其中尋出世界一切宗教之模型，同時又能尋出希臘以來迄於近世之西洋哲學的重要思想；而尤足為印度誇者，此等宗教與哲學，自始即保持著一體不離之關係而前進。西洋則發生於希臘的哲學與發生於猶太的基督教，在古代本相衝突，至中世兩相調和，近世則再分離，而與印度大異其趣。（此語見於高楠順次郎及木村泰賢合著《印度哲學宗教史‧總敘》）

四《吠陀》 印度民族眾多，宗教也多，唯以雅利安人的宗教為正統，那就是根據《吠陀》而來的一貫思想和信仰。佛經中的婆羅門教，現在的印度教，都是由此而來。

四《吠陀》的大致內容是：

（一）《梨俱吠陀》：含有一千零一十七篇長短不一的祭祀聖歌，其中僅十分之一是關於一般世俗的，十分之九皆是宗教的，尤以〈禮敬太陽神歌〉為最重要，乃為婆羅門僧侶朝夕禱頌的一首。其內容成立的時代不一，最遲則為西元前一千年頃編集而成，此一《吠陀》乃為考察雅利安人最古狀態的唯一資料。

唱者。

（二）《莎摩吠陀》：計收聖歌一千五百四十九首，為婆羅門僧侶於酒祭時所唱者。

（三）《夜柔吠陀》：此與《莎摩吠陀》大致相同，是教導如何施行祭禮者，所不同的，大部分為《梨俱吠陀》中，尚未出現的獨創祭詞。

（四）《阿闥婆吠陀》：內容分二十卷，包括七百三十一首聖歌。此係雅利安人與印度原居民族接觸之後，吸收其若干信仰的要素而後集成，故其多屬神咒，為控制神鬼之法，僅少數為歌頌上帝之詩，所以多含迷信色彩。

四階級　婆羅門教的三大綱領是：1.《吠陀》天啟主義，2.祭祀萬能主義，3.婆羅門至上主義。這也可說是神教的特色。《吠陀》是由梵天上帝的啟示而來，所以神聖無上；依據《吠陀》的指導而行祭祀，所以無所不能；祭祀須由婆羅門僧侶職掌，所以婆羅門階級也是至上的。

實則，階級制度的出現，乃在雅利安人到了印度之後，由於《吠陀》詩歌的漸增，祭祀儀式的漸繁，始產生專職的祭司。祭司自私，為保自姓的利益，乃主張祭司的世襲，遂藉神職的權威而倡出四姓的階級：

（一）婆羅門：祭司階級的宗教師，由歷代子孫的繁衍而形成一大種姓，他們是生來的僧侶，但卻只有到年老時，始行林居的出家生活。（其分人生為：1.兒童教養期，2.結婚與家庭生活期，3.森林期，4.遁世潛修期）

（二）剎帝利：王者階級的武士族，這是為了對內的統治，主要是為對外的抗禦，而出現的武人種姓，是由於武藝的世襲、戰士的專職而形成。他們要藉婆羅門的祭祀而得神佑，所以是第二階級。

（三）吠舍：除了祭司和武士之外，尚有其他從事於農、工、商業的雅利安人，便成為第三階級。

（四）首陀羅：這是被征服的先到印度的達羅維荼人，是奴隸。

在此四大階級中，前三者有誦念《吠陀》及祭祀的權利，死後得再投生於世，故稱為「再生族」；非雅利安人的首陀羅族，既無誦經祭祀的權利，亦無轉世投生的希望，故稱為「一生族」。婆羅門族於死時只須拜神誦經，即可歸返宇宙本體之梵天，稱之為頓悟法；剎帝利及吠舍族，除誦經祭祀外，尚得苦練修禪，方生梵天，稱之為漸證法。

神的信仰　不用說，雅利安人的信仰是根據《吠陀》而來。在《梨俱吠陀》中，分宇宙為天、空、地的三界，每一界有十一神，計三十三神。然其實際神數頗多，看似多神教，唯其往往對某一主要神的讚頌，輒用最上的詞句來形容，故在主要神中，亦常變更其地位，因此有人稱之為交換神教（Kathenotheism）。若從信者的主觀狀態而言，則顯然帶有一神教的意味，故被人視為單一神教（Henotheism），即在多神中只崇拜某一神的宗教。

通常地說，雅利安人崇拜太陽、天、雨、空氣、火，這五種天然力量的神格化。但對天之神婆樓那（Varuna）及雷雨之神因陀羅（Indra），特別崇敬。由於對因陀羅的特重，致有人以為印度之名，即由此神之名而來。

《吠陀》的神，是先由天神、空神而漸重地神。其原始的神為特尤斯（Dyaus），此神與希臘的宙斯（Zeus）及羅馬的朱彼得（Jupiter），同為由發光（dyu）之語根而成的神名，乃由光明而神化者。《吠陀》神界最有力的是婆樓那，其出現稍早於空界的主神因陀羅。火神阿耆尼（Agni），則為地界的主要神。

不論如何，《吠陀》的神數雖多，當他們禮拜各種神祇之時，並不忘懷宇宙的主宰，所以《梨俱吠陀》中說：「雖然，世人稱其為因陀羅、密多羅（Mitra，此神乃表太陽的恩惠者）、婆樓那，實則只是一個，不過詩人給予各種不同的名字而已。」（此節資料採自高楠順次郎及木村泰賢合著《印度哲學宗教史》及周祥光

《印度通史》）

第三節　印度的哲學

印度哲學的分期　根據已故的印度總統，羅達克立須那博士（Dr. S. Radhakrishnan）所著《印度哲學》，將印度哲學的發展，分為四個時期：

（一）吠陀時期：自西元前一千五百年至西元前六百年頃，各森林修道院發生於此時，印度的唯心主義亦肇端於此時。此為人智初期狀態，迷信與思想，兩方正相鬥爭之時。《吠陀》中附屬的歌頌、《梵書》（*Brāhmaṇa*）、《奧義書》（*Upaniṣad*），即於此時記錄而成。

（二）史詩時期：史詩係指《羅摩所行傳》（*Rāmāyana*）及《大戰詩》（*Mahābhārata*）兩部長詩，自西元前六百年至西元後二百年，此八百年中，始自《奧義書》的初期，終於各派哲學的發展期。各宗教如耆那教、佛教、（印度教的）濕婆派及維修奴（又譯作毘紐笯或毘濕笯）派的成立，亦在此期中。六派哲學與初期的佛教同時，唯其六派書籍的寫定，乃是後來的事。

（三）經典時期：是指各宗派的學說之有文字記錄而成為經典的時代，此自西元第二百年之後。在此之前，多以口口相傳的方式，記誦其教義思想。

（四）註疏時期：這與經典時期，不易嚴格劃分。有了註解，即有字義之爭，故此為重文字而輕思想的時期。

印度的三大聖書　在漫長的吠陀時期中，包含有一個梵書時代，其時間大約是從西元前一千年至五、六百年。婆羅門教的「三大綱領」，即在此時樹立。其基礎則為當時經他們之手編纂的《梨俱吠陀》、《莎摩吠陀》、《阿闥婆吠陀》的各集本。《夜柔吠陀》開其梵書時代思潮之序幕，《梵書》則為圓熟此一思潮的神學書。《梵書》乃將《夜柔吠陀》的特質極力發揮，對關聯於祭典的事項，一一附於因緣、故事、來歷，而以散文來解釋它們。

在印度哲學史的分期上，《梵書》、《奧義書》，均列於吠陀時期。在此所要介紹的三大聖書，吠陀時期的即占其二。現在分述如下：

（一）《吠陀經》：即是四種《吠陀》的集本。吠陀哲學的開出，是在《梨俱吠陀》的末葉，由對於向來所崇拜的自然諸神之懷疑，而在諸神之上，立一最高唯一的原理。從來未有獨立的神名，此時則出現了；從來未說宇宙的創造，此時則將抽象的唯一最高的原理，予於生主（Prajāpati）、造一切主（Viśvakarman）、原人（Puruṣa）等的名。以此做為有情與非有情的本體。宇宙即為此原理所統一而發生者。此在其〈無有歌〉（*Nāsadāsiya Sūkta*）、〈生主歌〉（*Prajāpatya Sūkta*）、〈造一切歌〉（*Viśvakarman Sūkta*）、〈祈禱主歌〉（*Brāhmaṇaspati Sūkta*）、〈原人歌〉（*Puruṣa Sūkta*）各篇中表達出來。

（二）《奧義書》：《奧義書》的梵名為 upa ＋ ni ＋ sad，乃「近坐」的合成語，為肝膽相照的對坐之意，其目的在於教人不知的祕密教義。《奧義書》在形式上仍是婆羅門教正統的產物，而為《梵書》的一部分，它最古部分的時代，則在西元前七百至五百年間所作，這是由於時代思潮所趨，自由思想抬頭，尤其是王者的權力升高而予以鼓勵，故其內容有露出反傳統的鋒芒。此書有兩種集本：一是五十二種本，一是一百零八種本，均可稱為全集。此書內容之佳，叔本華曾說：「余得是書，生前可以安慰，死後亦可以安慰。」可見其價值之高。從本體論的梵＝我，到現象論的梵之顯相，而到其結果的輪迴解脫，新穎而深邃，其對印度哲學思想的啟迪極大。

《奧義書》與佛陀的時代雖相連續，然佛陀是否知有此書，則殊屬疑問，唯其

開明的內容，似已成了當時時代思潮的通途。（木村泰賢《原始佛教思想論》第一篇第二章）

據說，基督教也受有《奧義書》不少的影響。（尼赫魯《印度的發見》第四章第九節）

（三）《薄伽梵歌》（*Bhagavad Gītā*）：這是史詩的一部分，它是《大戰詩》第六卷〈毘須摩品〉之第二十五章至四十二章的一段。大約創作於西元前四百年至二百年間的時期。當時的佛教正以新氣運的發展而壓倒了婆羅門教和其他教團，《吠陀經》的學者們便將《奧義書》的思想，平民化於《薄伽梵歌》中，並把不合理的重加組織，把矛盾的調和起來，賦予新力量及新路向。經過長期的潛流，婆羅門教終於復興而為印度教，仍取佛教的地位而代之。此書甚至被亨波爾（William Von Humboldt）描寫為：「最美麗，甚或是任何已知言語中唯一的真正哲學之歌。」尼赫魯則說：「這聖歌的宣說不是宗派的，或者說是宣示給思想上的任何一個學派的。」（均見尼赫魯作《印度的發見》第四章第十四節）此聖歌在印度教徒心目中的重要，猶如《新約》之於基督徒。

以上三書在中國尚未見有全譯本，僅有糜文開編譯了一冊《印度三大聖典》的節本。

六派哲學　所謂六派哲學，即是產生於史詩時期之末，與佛教初期階段相近的婆羅門教哲學，其名稱即是：

（一）尼夜耶派（The Nyāya School）。
（二）僧佉耶派（The Sāṃkhya School）即數論派。
（三）毘舍迦派（The Vaiśeṣika School）即勝論派。
（四）瑜伽派（The Yoga School）。
（五）弭曼差派（The Mīmāṃsā School）。
（六）吠檀多派（The Vedānta School）。

此六派不但信仰梵天的存在，並且承認《吠陀》的存在價值。唯其前四派的立論不以《吠陀》為根據，後二派的立論則以《吠陀》為根據。

由《奧義書》激發的主要學派，為數論派、瑜伽派、有神派（以梵天為中心而產生維修奴與濕婆＝自在天的信仰者）三潮流，吠檀多派亦屬其正系而成立較前三流為遲。瑜伽派較佛陀為遲；佛陀時代也尚無如今時僧佉耶頌所傳之數論派；與《奧義書》系思想相並，而認為是《梵書》系哲學思想的弭曼差派、勝論派、尼夜耶派，除尼夜耶派於間接關係上尚有討論之外，其餘諸派之成立，均較佛陀為遲。

（木村泰賢《原始佛教思想論》第一篇第二章）

第二章　釋迦世尊

第一節　釋尊的時代背景

《奧義書》與佛教　在上一章第三節已經說到了《奧義書》的出現，是由於時代思潮的所趨，故其內容有反傳統的鋒芒。從大體言之，佛教亦可謂曾受此書的熏陶，例如業說，在《古奧義書》本為不公開的密教，到佛世則成為各教派所公認的思想；輪迴說，在《梵書》時代已萌芽，完成而為一般所承認，則自《奧義書》時代始；解脫說，乃為《奧義書》的最終目的。凡此，均足以推定，佛陀雖因《奧義書》為印度西部婆羅門教內的密教而未親見，但卻不能說佛陀未曾受到此書之自由思想的間接影響。因為，佛陀所說的業、輪迴、解脫，雖不盡同於《奧義書》，卻不能說其間毫無關係。

何為時代思潮　要講當時的思潮，須先說明當時的印度民族及社會的變遷。

雅利安人以拘羅地方為中心，建立了婆羅門教的文化思想，例如潘迦那（Pañcāla）、摩野（Matsya）、秀羅色那（Sūrasena）等國家，均以此為中心。

可是，到了此時，被婆羅門的法典視為半雅利安半野蠻的下等種族，卻在恆河流域，特別是摩揭陀國，產生了新的文化思想。從《包達耶那法典》（*Baudhayāna Dharma Sūtra*）等看來，摩揭陀人似係吠舍種與首陀羅種的混血人種，他們的祖先，吠舍種的雅利安人，也較居於拘羅地方的雅利安人，更早來到印度，經過與賤族達羅維荼人的通婚，便成了新的獨立的種族。

這些獨立的種族，以摩揭陀國為中心，至佛陀時代，大國約有十六國，例如《中阿含經》卷五十五第二〇二經的《持齋經》（《大正藏》一．七七二頁中）所載。其中以都於王舍城的摩揭陀、都於舍衛城的憍薩羅、都於憍賞彌的嗟彌、都於毘舍離的跋耆等國，較著名而強盛。

在這些新的邦國，雖亦受有傳統婆羅門文化的影響，但其自由文化的勃興，卻受到王者的保護。故在此一區域，雖也有四種姓的觀念，卻把剎帝利階級，置於婆羅門之上。這些王者，未必出於原來剎帝利的血統，然其仍以剎帝利種自居而領導四姓。因此，凡是新思想，均受到重視；婆羅門至上的觀念，則受到嚴重的考驗，反《吠陀》的思潮，則受到王者的保障。

反《吠陀》的沙門團　我們已介紹過六派哲學的名稱，那是傳統學派的繁衍，他們無一不承認《吠陀》的價值。這裡的沙門團，卻是否認《吠陀》價值的革新派。

事實上，在佛陀前後的一、二百年間，印度的思想界極混雜，歸納起來，大致可分四類：1.正統的婆羅門教。2.習俗的信仰，此係以史詩為中心的思想，他們是以梵天、維修奴、濕婆等三神為中心的婆羅門教的通俗化。3.哲學，例如六派哲學之大部分已在成立中。4.反《吠陀》的沙門團。

反《吠陀》的各派，均有其特種的主義及其教團的組織，此等教團為了與婆羅門區別起見，即以沙門（Śramaṇa，勤息）來命名。故在佛陀介紹各派意見時，便稱之為「或沙門，或婆羅門」，各派之稱佛陀，也以「大沙門」或加上釋尊之姓「沙門瞿曇」呼之。

當時的沙門團很多，佛典中有九十六種外道的記載，其中最有名的外道沙門，便是六師外道。

六師外道　六師外道的有關記載，見於小乘經律的有很多，今以《長阿含經》

第二十七經《沙門果經》為準，介紹他們的名字如下：

（一）不蘭迦葉（Purāṇa Kāśyapa）：為倫理的懷疑者，否定善惡之業有其相應之根，故倡無作用論。

（二）末伽梨瞿舍利（Maskarī-gośāliputra）：此為邪命外道之祖，倡無因而有論。乃是耆那教的一派，在佛世極有勢力，除了耆那教，他是其餘五師中最盛大者。

（三）阿耆多翅舍欽婆羅（Ajita Keśakambala）：否定靈魂之說，倡唯物論，以快樂為人生之目的，排斥一切嚴肅的倫理觀念，此亦即是順世外道。

（四）婆浮陀伽旃那（Kakuda Kātyāyana）：主張心物永不消滅，倡世間常存論。

（五）散若夷毘羅梨沸（Sañjaya Vairaṭīputra）：為詭辯派或捕鰻論者，舍利弗（Śāriputra）及目犍連（Mahāmaudgalyāyana），即是此派出身而皈信佛教的。

（六）尼乾子（Nirgrantha Jñātiputra）：這就是耆那教之始祖摩訶毘盧（Mahā-vira），他出世稍早於釋尊，也是王子出身。此派以命（Jīva）及非命（Ajīva）之二元論而說明一切，故也是否定有上帝造物觀念的無神論者。其實踐方面，則以極端的苦行及嚴守不殺生為特色。印度是禁欲苦行的風行國，故當佛教淪為密教之左道而行男女之大樂後即告滅亡，耆那教則歷二千五百年，迄今仍在印度流行。

六師外道，從佛典中看，可謂一無是處，實則考察彼等之思想，固然不及佛教之合理，但也未必盡如佛經之結集者們所以為的那樣。從此亦可反映出當時的佛教與外道之間的衝突，壁壘非常明顯。正信的佛子，也確不容存有模稜兩可的鄉愿意識。

六十二見　當時的外道思想，總括各沙門團及婆羅門之學說，加以整理分類，共得六十二種見解，此見於《長阿含經》卷十四第二十一經《梵動經》（《大正藏》一．八十八頁中—九十四頁上）。綜合六十二見，又可分為如下的兩說及十類：

（一）說過去世，或稱本劫本見者，五類十八見：

1.世間常住論，即是常見論，四種。

2.世間半常半無常論，四種。

3.世間有邊無邊論，四種。

4.異問異答論，即是詭辯派、捕鰻論、不死矯亂論，四種。

5.無因而有論，即是無因論，二種。

（二）說未來世，或稱末劫末見者，五類四十四見：

1.世間有想論，十六種。

2.世間無想論，八種。

3.世間非有想非無想論，八種。

4.眾生斷滅無餘論，即是斷見論，七種。

5.現法涅槃論，即無論在何種狀態，處於現世的即為最高的境界，五種。

婆羅門的思想，固有足以使人反對者，各沙門團的思想，新而激進，亦有趨於極端的偏見。然而，對於人心世道，過與不及均非所宜。因此而有釋尊應化人間的事蹟出現，佛陀特以無限的智慧及無上的悲心，起而唱中正穩健之教，以闢各派外道之偏見。於是，一時外道披靡，佛法即呈光芒萬丈的新氣象於我們的世界上了。

第二節　釋尊的降生與成道

佛陀的年代　印度的古代，雖有偉大的文化，卻沒有歷史的觀念。因此，釋尊雖為人間留下了珍貴的文化遺產，卻沒有告訴我們他在歷史上的確切年代。

迄至近世，從各種資料及角度的推論考究，關於佛陀的年代，已有七十多家的異說。我國古德，藉以星隕及地動等的古史記載，所以多信周昭王二十六年甲寅（西元前一〇二七年）為佛降生，周穆王五十三年壬申（西元前九四九年）為佛入滅之說，此可參閱《歷代三寶紀》卷一（《大正藏》四十九．二十三頁上）、《佛祖統紀》卷二（《大正藏》四十九．一四二頁上—下）之小字與低格註。然而，此說的證據，渺茫難憑，故不為近世學者所採信。

近世學者，有採用《善見律》的眾聖點記之說，此為分別說系南傳的上座部所傳，出入於西元前四百八十年左右；日人望月信亨的《佛教大年表》（《望月佛教大辭典》第六冊九頁）之紀年，即是採用此說，而以西元前四八五年，為佛滅第二年，即佛教紀元之元年。

弗利脫氏（J. F. Fleet），則據希臘的史料推定，佛滅紀元是西元前四八三年，略似眾聖點記。

錫蘭的傳說，西元前五四三至五四四年，為佛滅紀元之年，現由世界佛教徒友誼會第三次大會通過的佛滅紀元即是此說，而以西元前五四四年為元年，此係根據南印羯陵伽國（Kaliṅga）一位叫作迦羅毘邏王（Siri Khāravela Mahā-Meghavāhana）在優曇耶耆利（Udayagiri）之碑文所留年代而推算出來。所以歷史家史密斯氏（V. A. Smith）也同意此說。

日本的小野玄妙，根據一切有部的《十八部論》等所傳，佛滅後百十六年，阿育王即位，並經推定阿育王即位是西元前二六九年，故在西元前三八四年，即為佛滅之年。（小野玄妙著《佛教年代考》）

日人宇井伯壽，亦依據小野氏的同一資料推算考察，卻以阿育王即位於西元前二七一年，佛壽八十歲，乃是西元前四六六至三八六年。（宇井伯壽著《印度哲學研究》第二，五十九頁，昭和四十年，岩波書店）

宇井氏的學生，中村元博士，近來也依據宇井氏的資料，又用了新的希臘方面史料，考證之後，把佛陀的年代，訂正為西元前四六三至三八三年。（中村元監修《新・佛教辭典》二四五頁，昭和六十二年第八版，誠信書房）

我國的時賢印順法師，也用《十八部論》及《部執異論》之說，以為阿育王即位於中國周赧王四十三年（西元前二七二年），故以釋尊入滅，應為周安王十四年（西元前三八八年）。西元前三八七年即為佛滅紀元元年。（印順法師著《印度之佛教》第五章第一節八十四頁）

日本學者在中村氏之說未出之先，多採用宇井氏之說。根據上舉各家推論，佛滅當在西元前三百八十多年，已為多數學者所接受。

佛陀的家系　釋尊降生於東北印度之喜馬拉雅山麓，那是一個小國，釋迦（Śākya）族就是此國的主人。那是一個當時殘存的貴族共和國之一，居於羅泊提河（Rāpti）東北，面積約三百二十平方里之處，分有十個小城邦，再從這十城之中選出一位最有勢力的城主，做為他們的王，迦毘羅衛城（Kapila-Vastu）的淨飯王（Śuddhodana），就是他們當時共和國的領袖，釋尊悉達多（Siddhārtha，一切義成）便是淨飯王的太子。

據舊來的傳說，釋迦族是雅利安人的剎帝利種，出於名王甘蔗之後裔，甘蔗王族則出於瞿曇（又稱喬答摩，Gautama）仙人之後，故以瞿曇為氏。

但據近代的史家，例如日本的荻原雲來、藤田豐八，以及我國的印順法師等，均主張釋迦族不是白皮膚的雅利安人，而是黃種的蒙古人。

依據律部的考察，釋迦族與跋耆族等相近，而且釋迦族不與雅利安族通婚，彼此均被視為非我族類，釋迦族及跋耆族出身的比丘，也有以佛是我族的佛而誇耀。又據玄奘《大唐西域記》所記當他遊印時的人種分布狀況，釋迦族等的地區，乃為黃種人所居，今日的尼泊爾，當然更不用說，那是蒙古族的黃種民族。

此一發現，很有價值。不過，玄奘遊印時的人種分布狀況，也未必即同於相距千年之前的情形，根據外族入侵印度的次第而言，最早的黃種人之到來，似在大月氏之進入，大月氏又稱為塞族（Scythian），並以塞族所居之地為釋迦。但是，大月氏之入印，有史可考的乃是貴霜王朝，釋尊的時代之前，似尚未有黃種人入印。唯其釋迦族不是純正的雅利安血統，當無疑問，故在情感上與雅利安之間的互相歧視，乃非偶然。

迦毘羅衛的今址，是在尼泊爾國境內的畢柏羅婆地方（Pīprāva），經已發掘到的古蹟予以證實，即在北緯二十八度三十七分，東經八十三度八分之處。

釋尊之母摩訶摩耶夫人（Mahāmāya），是天臂（Devadaha）城主之女，此城位於盧尼河（今之 Kohāna）之東，也是釋迦族中的十個城邦之一，所以這兩城之間，保持有傳統的姻親關係。摩耶夫人將要分娩之前，依時俗返回娘家生產，但在半途進入她父王的別宮——藍毘尼園（Lumbinī）休息時，即在一棵無憂樹（Aśoka）下，釋尊降臨了人間。

出家以前的菩薩　佛陀在尚未成佛之前，照例稱為菩薩。

釋尊究非常人可比，當他初降人間，即能自行七步，並舉右手，做師子吼：「我於天人之中，最尊最勝！」說完此語，即如平常嬰兒，不行走亦不言語了。

菩薩降生七日，摩耶夫人病逝，嗣後即由同時嫁給淨飯王的摩耶之姊，摩訶婆闍波提夫人（Mahāprajāpatī），擔起撫養菩薩的重任。

釋尊七、八歲時，從跋陀羅尼婆羅門，受學《梵書》等六十種書，又從武師學習諸般武藝。十四歲出城郊遊，見了病人、老人、死人、沙門，而興世間無常之感，並啟出家修道之念。十六歲時，父王憂慮太子出家，故設三時殿（三時，參閱《增一阿含經》卷四十三之末的夾註，《大正藏》二．七八五頁下），廣聚婇女，期以五欲牽住太子的出家之心。十九歲，納天臂城主之女耶輸陀羅（Yaśodharā）為妃，生一子叫作羅睺羅（Rāhula）。

據《佛說十二遊經》（《大正藏》四．一四六頁下）說，太子有三夫人，一瞿夷、二耶惟檀、三鹿野，耶惟檀即是羅睺羅之母耶輸陀羅。關於羅睺羅的出生年，有三異說，可參閱望月氏《佛教大年表》頁四。

又據《根本說一切有部毘奈耶破僧事》卷三（《大正藏》二十四．一一四頁中）也說悉達多太子有三妃子，一為耶輸陀羅，二為喬比迦，三為鹿王。同書卷四又說：「爾時菩薩在於宮內，嬉戲之處，私自念言：我今有三夫人及六萬婇女，若不與其為俗樂者，恐諸外人云我不是丈夫，我今當與耶輸陀羅共為娛樂，其耶輸陀羅因即有娠。」一般傳說釋尊指腹生子，若以人間的佛陀而言，寧信上說，較為合理。

出家修行　不論淨飯王用盡一切方法，豪華的宮廷，五欲的迷醉，都不能留住太子的心。終於，在一天夜裡，當大家都在夢鄉中的時候，太子起身，看了他那正在酣睡中的妃子及愛子最後一眼之後，便喚醒他的馭者車匿（Chandaka，有譯作闡陀、闡奴），跨上馬背，悄悄地離開了王宮，離開了迦毘羅衛城。拂曉時分，到了羅摩村（Rāmagrāma），自己剃除了鬚髮，披上袈裟（kaṣāya），現了沙門相，並遣車匿回城代向他父王報告他已出家的消息。

首先到了毘舍離城（Vaiśālī）的跋伽婆仙人（Bhārgava）的苦行林，次至王舍城的阿羅邏迦藍仙人（Ārāḍa Kālāma）處，及鬱陀迦羅摩子仙人（Udraka Rāmaputra）處，求學解脫之道，但他們所示者，或以苦行或以修定，而以生天為目的，所以當釋尊領教之後，均不能使他心服，便到伽耶城（Gayā）之南的優婁頻羅村（Uruvilvā）的苦行林去。不過，王舍城的兩位仙人是當時有名的數論派之先驅，以非想非非想處定為其解脫境，後來佛教即以非想非非想處定為世間的最高定，可見該二仙人給予佛教的影響了。

釋尊未行苦行之先，止於王舍城外槃荼山之林中，因至王舍城乞食而為摩揭陀國的頻婆沙羅王所見，並力勸他返俗，願分其國之一半與釋尊並治，但被釋尊謝卻了。王隨即要求釋尊，若成佛道，願先見度。接著，釋尊便與五位由他父王派來的侍者，進入苦行林，與那些外道沙門的苦行者為伍，因此也使他得了「沙門瞿曇」的稱號。

經過六年的苦行生活，僅以野生的麻米為食，日限一麻一米，以延續生命。結果，形體枯瘦如乾柴，尚未見到成道的消息，始知光用苦行，不是辦法，便放棄苦行，至尼連禪河（Nairañjanā）沐浴，並受牧女的乳糜之供，調養身體，以恢復健康，再到附近的畢鉢羅樹（Pippala）下，以吉祥草，敷金剛座，東向跏趺而坐，端身正念，發大誓願：「我今若不證無上大菩提，寧可碎是身，終不起此座。」靜心默照，思惟拔除人間之苦的解脫之道。

可是，當釋尊放棄了以功利觀念的苦行方法來求取解脫道之後，換用了出世間的立場、超越一切的態度、觀察萬法生滅的原理之際，原先伴了他六年的五位侍者，竟以為太子退了道心，便捨離而去。

成等正覺　釋尊出家，經六年苦行，然後成道，這是共通之說，至於出家及成道的年歲，卻有異說多起。古德多採用十九歲出家，二十五歲成道之說。近人則多採用二十九歲出家，三十五歲成道之說。

此等異說紛起之原因，乃在初期佛教不用文字記錄，但藉師師相承，以口傳口，時間愈久，分派愈繁，誤傳就難免了。特別是印度民族，雖勤於思惟，卻疏於年月史事的釐訂。實則，縱然是以史聞名的我國，對於孔子、老子、莊子的年月，也未弄清；西洋人對於耶穌的生年月日，至今也不曾確定。此可謂是東西中外，無獨而有偶了。

釋尊以大悲大智的襟懷，奮勇精進的精神，在樹下宴坐了四十九日，克服了內外的魔障，遂於二月八日之夜，明星將升之際，悟透了一切法無非是緣起，緣起的一切法畢竟是無我的道理，於是：「生知生見，定道品法，生已盡，梵行已立，所作已辦，不更受有，知如真。」（《中阿含經》卷五十六第二〇四經《羅摩經》，《大正藏》一．七七七頁上）廓然圓悟，成等正覺，自覺、覺他、覺滿，所以自稱為無上的佛陀（Buddha），皈依他的弟子們，則稱佛陀為世尊（Bhagavat）、為釋迦牟尼（Śākya-muni），「牟尼」（muni）是聖者、證得寂默（了諸種煩惱）之法的聖者，本為印度對於內外道仙人的通稱，即是久在山林修心學道的人，皆可稱為牟尼，釋迦族出身的聖者，故稱釋迦牟尼。

成道後的釋尊，喜悅無量，即在四七日間，於附近樹下，自己受用解脫之樂。

第一七日，在菩提樹（Bodhivṛkṣa）下。就是那棵畢缽羅樹之下，因佛在此樹下成道，而被稱為菩提樹。

第二七日，在阿踰波羅樹（Ajapāla）下。此期有魔王波旬（Māra Pāpīyas）來請佛入滅而未果。

第三七日，在目真鄰陀樹（Mucilinda）下，遇暴風雨，目真鄰陀龍見之而即以己身護佛。此龍即受皈依，乃為傍生中的第一弟子。

第四七日，在羅闍耶恆那樹（Rājāvatana）下。有二商主，一名提謂，一名婆梨迦，道經佛處，以蜜供佛，並皈依佛、法而去。此二人乃為最早的優婆塞（Upāsaka，親近而奉事三寶的淨信男）。

第三節　轉法輪

赴鹿野苑　釋尊在樹下自受其證悟的法悅之後，決意教化眾生，先向婆羅奈斯城（Vārāṇasī）的鹿野苑（Mṛgadāva，現名薩爾奈德〔Sāranāth〕）行去，因為他知道，先前伴侍了他六年的五位侍者，捨離釋尊之後，就到了那裡，佛陀為了報答他們，所以先要度他們。那五位侍者，就是後來最有名的五比丘：阿若憍陳如（Ājñāta-Kauṇḍinya）、跋提（Bhadrika）、婆波（Vāṣpa）、摩訶男（Mahānāma）、阿說示（Aśvajit）。

這是釋尊成道之後的初轉法輪，向五比丘說了佛陀親證的妙法。他們聞法之後，隨即證了小乘解脫的阿羅漢果。

法輪（Dharma-Cakra），可譯為正法之輪，這是將佛法比作轉輪聖王的輪寶。輪王出世，輪寶自現，輪寶引導輪王轉向四天下，諸小國王無不心悅誠服，兵不血刃而統一天下，實行仁政。這是印度人嚮往天下太平的傳說。同時，輪為兵器之一，亦以破敵為主。釋尊則用其所證的正法之輪，公布天下，利益群生，破碎異論邪說，所以取喻稱為法輪。

法輪的內容　法輪的內容，即是釋尊成等正覺時所得的成果。推動弘揚釋尊親證的正法，便是轉法輪。

正法（Saddharma）是什麼？根據原始聖典《阿含經》而言，佛陀最初說法，是四聖諦、八正道，後來的大、小乘經律論的內容，也都是由四聖諦、八正道的開展而來。

在未介紹正法的內容之前，先應明白佛陀說法的目的。佛陀的教化，是在使得人人能與佛陀一般地同得解脫，不在增加世界及人生的理論，而來滿足人們對於科學及哲學的興趣。此可參閱《中阿含經》卷六十第二二一經的《箭喻經》（《大正藏》一・八〇四—八〇五頁下）。

可是，佛陀也不要求人們對他做盲目的崇拜，也不以麻醉式的安慰做為信仰的寄託。佛陀既是實際的宗教家，也是極富於批判精神的思想家，但他重視實際的倫理生活，反對空談的玄理，凡無助於解脫之實現者，均不甚為佛陀所注意。

佛陀考察的對象，無疑的是整個宇宙，可是，佛陀最大的努力，是在對於人生的成立及其活動而加以說明；若離人生本位而考察世界，那不是佛的本懷。此可參閱木村泰賢《原始佛教思想論》第一篇第三章。

因為佛陀化世的宗旨，是在使得有情眾生達成解脫的願望。換言之，佛法是以有情眾生（主要是人）為中心，若離有情眾生的著眼而考察佛法，必會導致誤解。佛陀所證悟的四聖諦、八正道，便是為人生的解脫而施設。

四聖諦 佛初說法，稱為三轉四諦法輪。現在分述如下：

（一）四諦：

1. 苦諦：人生如苦海，苦的內容有三大類，即苦苦、壞苦、行苦。苦苦之中又有八種——生苦、老苦、病苦、死苦、愛別離苦、怨憎會苦、求不得苦、五蘊熾盛苦。

2. 集諦：集是苦的原因，由煩惱而造業，由造業而招感苦的果報。

3. 滅諦：滅是解脫苦果的可能，明瞭集諦之理，斷除煩惱之業，即可解脫眾苦。

4. 道諦：道是滅苦的方法，修持八正道，即可滅除眾苦而獲涅槃解脫之果。

（二）三轉四諦：

1.示轉：說明此是苦、此是集、此是滅、此是道。

2.勸轉：說明苦應知、集應斷、滅應證、道應修。

3.證轉：說明苦者我已知、集者我已斷、滅者我已證、道者我已修。

這是佛陀初轉法輪的一個綱要。對於苦、集二諦的解釋，是緣生法，也就是十二因緣法。

十二因緣　十二因緣，乃是從佛陀的大悲智海中所流露出來的一種獨特的「創造論」，神教的信仰者，無不假託宇宙是來自神的創造，佛陀則以十二因緣說明宇宙的根源。

現在先介紹十二因緣的釋義如下：

（一）無明：即是無智慧，是貪欲、瞋恨、愚癡等的煩惱，也是種種蠢動心理的迷惑之源。

（二）行：即是前生造作的善惡諸業——身心的行為。

（三）識：即是由過去世的業力，感受果報之初起妄念而托母胎，投為今生的神識。

（四）名色：即是入胎後胎兒的身心狀態。

（五）六入：即是在胎中長成的眼、耳、鼻、舌、身、意等六種感覺器官——六根。

（六）觸：即是出胎後，自己的六根與外在的色、聲、香、味、觸、法等六塵相對接觸。

（七）受：即是由接觸外境所感知的苦及樂的心境。

（八）愛：即是厭苦欣樂而貪染財、色、名、食、睡等五欲的心理活動。

（九）取：即是因欲愛旺盛而對於貪染諸境起取著心。

（一〇）有：即是由於今生造作了有漏之因，而導致感受未來世的生死之果。

（一一）生：即是因了今生造作的業種，所感受來生的色、受、想、行、識的五蘊之身。

（一二）老死：來生既有了五蘊假合之身的出生，必將衰老而至死亡。

由十二因緣，說明人生的由來和生命的流轉，自前生、今生而到後生之間的因果關係，即稱為三世兩重因果。但在此十二因緣的迴還，又可用惑、業、苦的三連鎖來說明它。

惑業苦　由於無始以來無明之惑的蠢動，所以造作了前生的善惡諸業；由於前生的善惡諸業的引導，所以感得了今生的苦受之果；又由於今生的繼續因了惑而造作諸業，所以要感受來生的生死之果。這就是十二因緣生死流轉的連鎖法則。以十二因緣分配惑、業、苦三類的隸屬關係如下：

（一）惑：過去世的無明，現在世的愛及取。

（二）業：過去世的行，現在世的有。

（三）苦：現在世的識、名色、六入、觸、受，未來世的生及老死。

十二因緣的說明，目的是在使人明瞭四聖諦中的苦、集二諦的內容，人生是苦海，此苦由何而來？是由無明乃至老死的三世因果而來，為了便於記憶，再將其各各的關係列表如下：

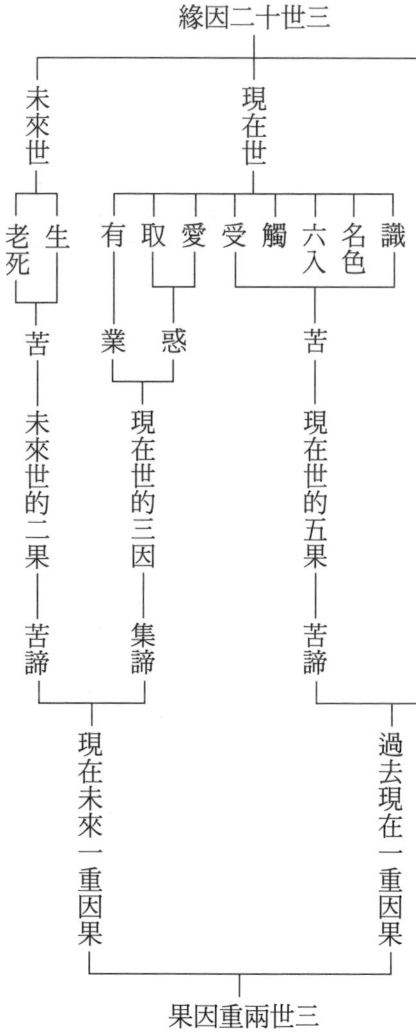

既已知苦，以及知苦之集（由來），接著就當設法斷絕這一苦海的根由，斷此苦根的方法，便是修行八正道。

八正道　八正道即是四聖諦中的道諦，它們的內容如下：

（一）正見：即是正確的見解。何為正見？則應以三法印來鑑定，什麼叫作三法印？到下面再介紹。

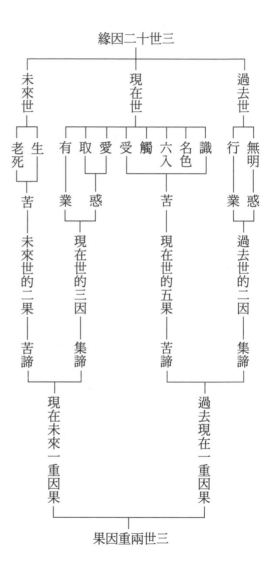

（二）正思惟：即是以正見為基礎，而來思量熟慮此正見的內容，這是「意」業的實踐工夫。

（三）正語：基於正確的意念，表達於「口」業的實踐工夫，不得對人妄言欺騙、綺語淫詞、兩舌挑撥、惡口罵辱，而且要做善言勸勉、愛語安慰。

（四）正業：即是正當的身業，不做殺生、偷盜、淫亂、使用麻醉物等的惡業。配合意、語二業，即是「身、語、意」的三業清淨。

（五）正命：即是正當的謀生方法，除了不做惡業，更應以正當職業，謀取生活所需。不得以江湖術數等的伎倆，騙取不義之財。

（六）正精進：即是策勵自己，努力於道業。惡之尚有未斷者，立即求其斷，善之尚有未修者，立即求其修；未起之惡令不起，已修之善令增長。

（七）正念：既已有了策勵精進之心，即應攝心制心，以不淨觀等方法，使心住於一境，不起物我之思。

（八）正定：循著前面的七階段來修持，必可進入四禪八定，最後再以空慧之力，進入滅受想定，便是涅槃的解脫境界。

由八正道，開演出三十七道品，又歸納演化為六波羅蜜多（六度），但其均屬於戒、定、慧的三無漏學的範圍。

戒定慧 我們從《雜阿含經》見到八正道，從《長阿含經》見到三十七道品，從《增一阿含經》見到了六度，這是漸次發展的歷程。現存漢譯的《增一阿含經》，出自大眾部，由大眾部而再傳出了大乘思想。所以修道的內容也隨著時代而漸次開張，唯其基本原則，皆不出乎戒、定、慧的要求。現在製成兩表，以資說明如下：

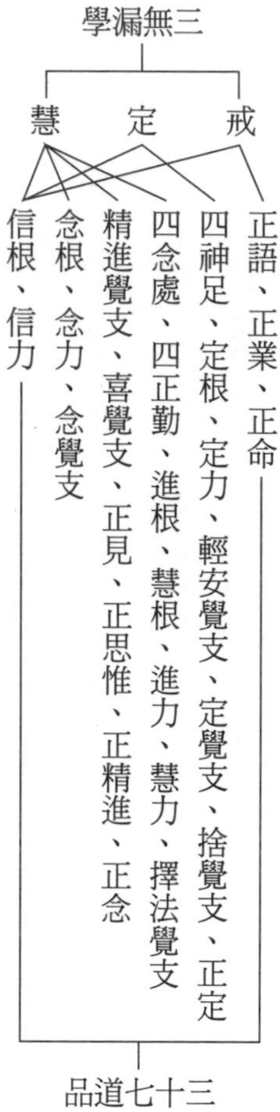

由此表可見，八正道已含於三十七道品之中，至於三十七道品的七類分科之排列及其解釋，可以另檢《佛學大辭典》查閱。

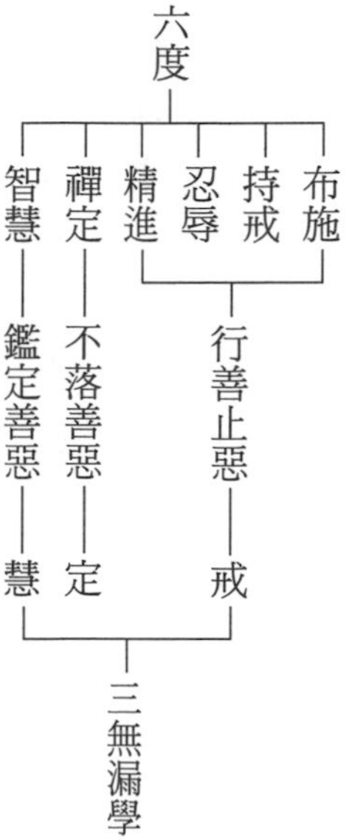

惑、業、苦的三連鎖，是生死門的定律，在此戒、定、慧的三無漏學，乃是解脫門的定律。戒、定、慧的相互關係，也是連鎖形的或稱是螺旋形的。由持戒清淨之後，修禪才能得正定；由正定的定力，可以產生無漏的慧力；再由慧力來指導持戒。唯有藉著空慧或無漏慧的正見，持戒才會恰如其分，修禪才不致歧入魔境。

正見的最先確立，是靠佛陀所示的三法印。

三法印　三法印，即是用三句話來印證諸法，合乎這三句話的標準，便印可它是合於佛法的正見，否則便是魔外偏妄的邪見。在《雜阿含經》（《大正藏》二·七頁下）中，有很多這樣的問答：

佛陀問比丘：「五蘊等是無常否？」

比丘答云：「是無常。」

佛陀又問：「無常是苦否？」

比丘答云：「是苦。」

佛陀再問：「若是無常、苦，變易法，是我我所否？」

比丘答：「非我我所。」

佛陀隨即開示：就是如此的觀察五蘊（有漏法），乃是無常的、無我的，當下即是解脫（涅槃）。用三句話來標明，便是：

（一）諸行無常。

（二）諸法無我。

（三）涅槃寂靜。

什麼叫作五蘊，諸法又是什麼？這是為了便於對三法印的解釋，而將生死門中的有漏法，分別用五蘊之名來予以說明。

五蘊　凡夫均以為世間是永恆常住的，身心是我及我所保有的，在此既見為常又執為我的情形下，就要為著「我」而追求快樂，逃避苦難，追求名利，逃避毀損。實際上，世間之物，無一剎那不在變易，我人的身心也無一剎那不在變易，所以是無常的；再大的歡樂和名利，世間卻無不散的筵席、無不凋的花朵、無不死的人！所以，好戲收場，終必是苦；既是無常又是苦，又到何處去找真實的我，以及永恆的我所有的精神和物質呢？

佛教即藉用五蘊來分析此精神和物質。五蘊即是：

（一）色蘊：人類的生理和外在的物理——即是由人的眼、耳、鼻、舌、身，及其所對的色、聲、香、味、觸。所以，色蘊含攝一切物質，包括了形色、彩色、極微色（如電子、原子）、極迥色（如遠距離的星球）。

（二）受蘊：以領納為其功用，近於感覺的狀態。

（三）想蘊：以取相為其功用，近於知覺及想像作用。

（四）行蘊：有遷流及造作的功用，含有時間、空間、思想、行為的狀態；即是對於外境，生起貪、瞋等善惡功能的心理活動。

（五）識蘊：以分辨為功用，近於知識之義；以眼、耳、鼻、舌、身、意，為其所依而稱為六識身，負責對於物境的了解分別和記憶等作用，也就是心的本體之異名。

五蘊即是物與心的配合。第一色蘊是物理和生理的分析，後四蘊是心理的分析。以物理、生理、心理的分析，即說明了人生界及宇宙界的一切現象，無一不是無常的、無我的、苦的。若能證得此中道理，正作如是觀察之時，即是涅槃境界。

眾生的流轉生死，是由於十二因緣的因緣促成；眾生的身心世界，是由於五蘊的因緣假合。離了十二因緣，沒有生死流轉；離了五蘊假合，沒有身心世界。生死也好，身心也好，無非是因緣所生的，暫有幻現的虛妄法。如何勘破它？請用三法印。如何斷絕它？請修八正道。

第四節　釋尊的教團及行化

羅漢弟子們　釋尊在鹿野苑度了阿若憍陳如等五比丘，自此即有了教主、教法、教團的（佛、法、僧）三寶具足。接著又度了耶舍（Yaśa）及其親友數十人；滿慈子、大迦旃延、婆毘耶等，亦捨外道法而進入佛法。他們都成了離欲的阿羅漢。

在鹿野苑度過第一個雨季的安居生活，釋尊便囑咐弟子們各各遊化人間，弘揚佛陀的教義，乃至要弟子們不應兩個人同走一條路。佛陀自己也單獨去到優婁頻羅聚落，化度了事火外道優婁頻羅迦葉（Uruvilvā-kāśyapa）和他的兩個弟弟那提迦葉（Nadī-kāśyapa）、伽耶迦葉（Gayā-kāśyapa），以及他們三人的弟子共一千人。

釋尊為了履行成道之後去度頻婆沙羅王的諾言，便率領迦葉三兄弟及其弟子們到了王舍城。國王親率臣民迎於郊外，見到聞名於當時的迦葉三兄弟，均已成了佛的弟子，信心益加懇切，聞法之下，即得法眼淨（見道）。另有迦蘭陀（Kalanda）長者將他在王舍城外的竹園施佛，王即為佛陀在此園中建造精舍，這是第一所大規模的佛教道場。

佛陀成道第四年，六師外道之一的詭辯派的名匠舍利弗偶爾在路上聽到阿說示向他說了兩句：「諸法因緣生，諸法因緣滅」，「諸行無常，是生滅法，生滅滅已，寂滅為樂」。便於言下得法眼淨，這是佛陀的根本教義，無怪舍利弗急忙把這從未聽過的妙法，轉告了他的同門知友大目犍連，於是，各率弟子共二百五十人，詣佛出家，證阿羅漢果。

又有摩訶迦葉（Mahā-kāśyapa），早已出家修厭離行，素為摩揭陀國的國人宗仰，他自己也說：「若不值佛，亦當獨覺。」但他在王舍城多子塔前遇到了佛陀，相形之下，自覺渺小，便迴心進入釋尊的法海。

佛經中常見的「千二百五十人俱，皆是大阿羅漢」的教團，到此便已形成。

佛陀成道第五年，即受到憍薩羅國（Kośala）首都舍衛城（Śrāvastī）的禮請，那就是須達（Sudatta，又作須達多）長者以重價購了一座祇樹給孤獨園奉施佛陀，做為弘法的中心。

同年，釋尊也應父王之召，回到祖國迦毘羅衛省親，父王預建精舍於尼拘律園，以接待釋尊。這次回國的場面很莊嚴，弟子們也都隨從而來，釋尊為父王說法，淨飯王即在聽法之際得法眼淨，宮人也多受了戒法，並度了異母弟（摩訶婆闍波提所生的）難陀，以及佛陀的親子羅睺羅出家。這次回國一共住了七天，便辭別父王返至王舍城，但卻在釋尊的座下，因此而增加了許多由釋迦王族來出家的弟子們。其中著名的，就有阿那律（Aniruddha）、阿難（Ānanda）、金毘羅（Kumbhīra）、提婆達多（Devadatta）等的追蹤而至；為王子們理髮的奴隸優波離（Upāli），亦於此時趕來出家，並且得到佛陀的特別優遇，讓他出家在諸王子之先，一則為表佛法的平等，一則為抑制諸王子驕傲的習氣。

後世傳稱的佛陀的十大弟子，除了須菩提（Subhūti）似乎出家較遲而外，到此為止，其他的九位，均已出現了。

佛陀的僧團 僧團就是僧伽（Saṃgha），當五比丘得度時，僧伽即已成立，但是，佛教的僧伽雖然以比丘為中心，它的內容卻含有七眾。

由於頻婆沙羅王的皈依佛教，在家的男女信徒即日漸增加。由於少年羅睺羅的出家，僧中即有了沙彌。由於摩訶婆闍波提以及釋種五百女子的出家，便有了比丘尼。由於女子之中尚有未成年的，便增加了沙彌尼。又有一些曾經嫁了丈夫卻不知是否受孕便來出家的女子，恐不久生了孩子，招致俗人的誹謗，便設置了一個為時兩年的式叉摩尼，以驗有孕無孕。順著次序等位來說，佛教的僧團就有了如下的七眾：

（一）比丘（Bhikṣu）。
（二）比丘尼（Bhikṣuṇī)。
（三）式叉摩尼（Śikṣamāṇā）。
（四）沙彌（Śrāmaṇera）。
（五）沙彌尼（Śrāmaṇerikā）。
（六）優婆塞（Upāsaka）。
（七）優婆夷（Upāsikā）。

到佛滅之時，佛為七眾弟子們，均已完成了戒律的制定，通常所謂比丘二百五十戒，比丘尼五百戒，式叉摩尼六法，沙彌及沙彌尼十戒，優婆塞及優婆夷即是在家的男女弟子，有三皈五戒。七眾的界別，即是根據所受持的戒法而定，至於戒法的內容，則請參閱拙著《戒律學綱要》。

佛陀的傳記　自釋尊成道第六年後，即沒有詳細的年月及活動的地點可考，僅從有限的資料中，得知其歷年的雨安居處。因為在佛陀的傳記文學，例如《方廣大莊嚴經》、《佛本行集經》、《佛所行讚》、《過去現在因果經》、《本生經》等的記述，類皆敘述至佛成道後數年即行終止，未有一種能貫串佛陀一生事蹟的傳記可稽。

今謹依據《僧伽羅剎所集經》（《大正藏》四．一四四頁中）卷下，列記佛陀歷年雨安居的所在如下：

第一年在波羅奈國。第二、三年在王舍城附近的靈鷲頂山。第五年在脾舒離（毘舍離）。第六年在摩拘羅山（即王舍城附近的 Pāṇḍava 山）。第七年在三十三天（即上忉利天為母說法）。第八、十一、十三年在鬼神界（憍賞彌國之一部，即是婆祇國的恐怖林）。第九年在拘苫毘（憍賞彌）國。第十年在枝提山中（此山位置不詳）。第十二年在摩伽陀（摩揭陀）閒居處。第十四年在舍衛國祇樹給孤獨園。第十五、十六年在迦維羅衛國。第十七、十八、二十年在羅閱城（王舍城）。

第十九、二十一年在柘梨山（舍衛城附近的 Calya 山）。往後則又在鬼神界四回，舍衛城十九回，最後第四十五年則在跋祇（跋耆，Vṛji）境界的毘將村安居。

釋尊晚年，不太順意。在王舍城方面，由於提婆達多要求釋尊將領導僧團的權力交卸給他，未能如願，即蓄意掀起反佛害佛的風潮，並且以神通的變化和極端的苦行做號召，爭取到了阿闍世王（Ajātaśatru）的擁護，所以佛陀在最後十多年，寧願久留舍衛城而不去王舍城。

可是，在舍衛城方面，到最後也不安寧，南面的阿闍世王幽禁謀殺了父王頻婆沙羅而做了摩揭陀國的第六代王，北面憍薩羅國舍衛城的琉璃王子（Virūḍhaka），也在佛陀入滅之前不多幾年，驅逐了他的父親波斯匿王（Prasenajit），奪取王位，舉大軍襲擊佛陀的祖國迦毘羅衛，那是一次滅族滅城的大屠殺，釋迦族人幾乎因此絕種。

雖然，經過教內的分裂及祖國的滅亡之後，提婆達多死了，琉璃王被阿闍世王擊敗，憍薩羅國歸入了摩揭陀國的版圖，阿闍世王也皈依了佛陀。但是，釋尊在數十年來的苦行、風霜、奔走、教化之後，他的五蘊色身，也垂垂老矣。

最後的遺教　經過四十五年的化度，終於，佛陀自知捨壽的時間快要到了，但他仍要把握最後的時光。首先召集了全體比丘們在毘舍離的竹林精舍會齊，做最後一次重要的教誨。接著便從毘舍離城向拘尸那羅城（Kuśinagara，古名稱拘尸那城），一程一程地步行而去，經過每一個村落，都停下腳來休息，利用休息的時間，向村民說法，最後到了拘尸那羅城外的娑羅（Śāla）樹林，釋尊就選擇了在這樣一個僻野的小國家野外的樹林中，做為他入滅的處所。

釋尊在阿難鋪好的僧伽梨（大衣）上，右脇臥下時，已經疲倦不堪，但當一位叫作須跋陀羅（Subhadra）的外道，要求阿難准許他晉見佛陀時，佛陀竟又強打起精神接見了他，並使他成為佛陀最後得度的弟子。

當佛陀即將捨壽之前，又對比丘們做了最後的教誡：「是故比丘，無為放逸，我以不放逸故，自致正覺。無量眾善，亦由不放逸得。一切萬物，無常存者。此是如來末後所說。」（《長阿含經》卷四第二經《遊行經》，《大正藏》一．二十六頁中）在《佛遺教經》（《大正藏》十二．一一一二頁中）中則說：「汝等比丘，常當一心，勤求出道，一切世間動不動法，皆是敗壞不安之相……是我最後之所教誨。」這是最最感人的情景了。正像一位偉大的慈母，即將遠行之際，唯恐幼稚的兒女們，不知照顧自己的飲食起居，所以叮嚀又叮嚀，叮嚀又叮嚀。

釋尊成道以來，調護眾生，善盡教化，不論處於何種環境之下，總是溫和寬大，持之中道，他沒有說過一句出之於激越的話語，也沒有有過一個訴之於情緒的動作。在他充滿了悲憫之心的襟懷之中，同時也蘊蓄著無限的智慧之光，所以他不論處理什麼問題，無一不是衡之於理性的考察。因此，佛陀是眾生的慈父，也是人天的導師，佛之為佛者，其在於此。

第三章　原始佛教與三藏聖典

第一節　原始佛教

佛教史的分期法　佛陀涅槃之後，釋尊便成了歷史的人物。近代的學者間，對於印度佛教史的分期法，則尚無定論。現舉五說，備供參考：

（一）我國太虛大師的三期說：1.初五百年為小彰大隱時期。2.第二五百年為大主小從時期。3.第三五百年為密主顯從時期（《太虛全書》四五五頁）。到他晚年，又改為小行大隱、大主小從、大行小隱密主顯從的三期（《太虛全書》五一四至五一七頁）。此一分期法，雖有價值，但嫌粗略。

（二）又有一種三期說：1.自釋尊至龍樹，為根本佛教的發達期。2.自龍樹至法稱，為大乘佛教的興盛期。3.自法稱至伊斯蘭教侵入印度後約一百年間，為佛教的衰頹期。此一分期法，以根本佛教概括了佛世的原始佛教以及佛滅約百年後的部派佛教，故亦有含混之弊。

（三）尚有一種三期說：1.自釋尊成道至滅後約百年之間為原始佛教期。2.自佛滅約百年後至龍樹間為小乘佛教發達期。3.自龍樹至第二法稱間為大乘佛教興盛期。此說與木村泰賢及宇井伯壽等略同。

（四）龍山章真等的四期說：1.原始佛教時代。2.部派佛教時代。3.大乘佛教時代。4.密教時代。此說將大乘佛教的後期，特設密教期並以部派佛教代替小乘佛教，原始佛教則為後來小乘及大乘各派發展的共同基礎，故堪稱有見地。

（五）印順法師的五期說：1.佛陀時代為「聲聞為本之解脫同歸」。2.佛滅四百年中為「傾向菩薩之聲聞分流」。3.佛滅四世紀至七世紀為「菩薩為本之大小兼暢」。4.佛滅七世紀至千年間為「傾向如來之菩薩分流」。5.佛滅千年以下為「如來為本之梵佛一體」。這是從思想及教團的發展演變上考察而得的。其理由類於太虛大師，而分析較為縝密。唯印公有其獨立的思想，可參閱其所著《印度之佛教》第一章四至八頁。

本書對各家分期法，不做取捨依準，僅做論列參考，所以本書章目是以問題為中心，不必即以時代做分割。

原始佛教的教理　原始的佛教，應該是指佛陀在世時的言行，以及經過佛陀親自印可了的弟子們的言行。這唯有從《阿含經》及律部中去找，而《阿含經》比律部更可信賴，雖然現在《阿含經》的內容，與初次結集時的已有增損，甚至可說現存的《阿含經》內容，已非全是原始佛教的真貌。但從《阿含經》素樸的紀錄中，尚不難找出原始佛教的真貌。

關於原始佛教的教理，實在是很簡單而樸實的。佛陀從不做形而上的玄談，一切訴之於理性的經驗，佛陀教人實踐解脫道，但當弟子們問起他涅槃的境界時，他便默而不答。因為未得涅槃的人，縱然同他談上三天三夜的涅槃，還是弄不清楚，且對得到涅槃的實際，也毫無幫助。

佛陀極善於刪繁從簡，又極善於就地取材運用譬喻，每對弟子說法，總是要言不繁，絕少見有長篇大論。他所開示的內容，看來層出不窮，實則不外四聖諦、十二因緣、八正道等。這在第二章已經介紹過了。

不過，當你剛剛接近佛陀，而尚不知修學佛法之時，佛教便首先向你說：「身、口、意、命清淨無瑕穢者，若命終時，得生人中」，「惠施、仁愛、利人、等利」，「身壞命終，生善處天上」（見《增一阿含經》卷二十三〈增上品〉之七，《大正藏》二．六七〇頁中；又參《增一阿含經》卷二十四〈善聚品〉之四等，《大正藏》二．六七四頁中）。先以人天法，使你法天法人，使你成為一個可敬的人，當你善根增長皈依三寶，受持五戒之後，再用解脫法門開示你。人天善法是一般人共同信守的，解脫法門則是佛陀獨自證悟經驗的。要緊的是，佛陀不唯不以神教通用的「權威」來包攬你的「罪」而說代你贖罪，也不主張用任何祭式來求福祉與解脫，乃是開示你簡明的方法，教你自己去依照方法實踐，所以在佛教的原始精神中，一切的神話與迷信，都是無從立足的。

原始佛教的世界觀　上章說到「若離人生本位而考察世界，那不是佛的本懷」，在《箭喻經》（《大正藏》一．八〇四頁上—八〇五頁下）中，佛陀對於弟子尊者鬘童子（Mālunkyāputta）所問：「世有常？世無有常？世有底？世無底？」等十個「不決問題」，態度非常清晰，佛說：「我不一向說此，此非義相應，非法相應，非梵行本，不趣智、不趣覺、不趣涅槃。」因為佛陀並不要使你先了解一切，而是要使你完成解脫涅槃，那時，你自然會雲開月見而真相大白。

然而，在佛典中確有關於世界觀的介紹，例如《長阿含經》卷十八至二十二的《世記經》（《大正藏》一．一一四頁中—一四九頁下，別譯有《起世因本經》、

《大樓炭經》），便廣泛地介紹了國土世界及有情世界的種種相狀。

因此，我們不能說釋尊絕口不曾說過這些事物，但當我們考察其來源時，則發現這大體是由於婆羅門教的《吠陀》世界觀及唯物思想的混合產物。佛陀的教化，善於就地取材與適時作喻，在向外道群眾說法的時候，難免會借用外道的傳說來啟引外道迴入佛法，所以這些世界觀念，的確曾被佛所引用，但其絕不會專為此事而做為說法的主題。很顯然地，因佛陀不對外道做毫不同情的攻擊，弟子們便以為這是被佛所許可的觀念。至於像《世記經》這樣有系統的長篇敘述，無疑是出於結集者的細心編輯，此經當成於阿育王以後，因在巴利文三藏的長部中沒有它，故它的內容，不即是佛陀的發明，而是印度當時文化的「共財」。佛陀利用此等觀念，是迎合而並非表示接受。例如《吠陀》諸神，特別是梵天，佛陀否定其實體而善用其信仰，但到佛滅之後的弟子們，即連梵天的實體觀念也接受了下來。

以須彌山為中心的世界觀，以現代地理學及天文學的考察，便無法成立，但這卻是佛世及佛前更早的印度地理與天文學的通說。

因此，佛弟子們應當重視佛陀應化的重心，是著重於人生的修為而至無明的解脫，不必以為佛陀已將一切的問題給我們做了解答。佛陀的任務在此而不在彼，不要捨本逐末，否則自己鑽進了死角，還要埋怨，那是咎由自取。

我們的心　佛陀既以人生的無明之解脫為著眼，人生的主宰則在於「心」，心不能自主，因為心的特性是念念相續地活動變異，故為無常，無常即無主體可覓，故為無我。可是，要了知無常、無我而使其轉變異為不動，超凡夫為聖人，實在不易。

於是，佛陀特重於凡夫心的考察，使之得到疏導，由染汙心成清淨心。不動的清淨心，僅一個名詞就夠了；變異不已的染汙心，細考其狀態，那就多了。根據原始資料，予以分類歸納，其名目約有十二項：

（一）五蓋：貪欲蓋、瞋恚蓋、惛眠蓋、掉悔蓋、疑蓋。
（二）七結（使）：欲貪、有貪、瞋恚、慢、見、疑、無明。
（三）九結：以七結為基礎，但將有貪改為取，另加嫉、慳。
（四）五下分結：身見、疑、戒禁取見、欲貪、瞋。
（五）五上分結：色貪、無色貪、慢、掉舉、無明。
（六）四暴流：欲暴流、有暴流、見暴流、無明暴流。
（七）四漏：欲漏、有漏、見漏、無明漏。

（八）四取：欲取、見取、戒禁取、我語取。
（九）四繫：貪繫、瞋繫、戒禁取繫、是真執繫。
（一〇）三求：欲求、有求、梵行求。
（一一）十六心垢：不法欲、瞋、忿、恨、覆、惱、嫉、慳、諂、誑、剛愎、報復心、慢、過慢、憍、放逸。
（一二）二十一心穢：邪見、非法欲、惡貪、邪法、貪、恚、睡眠、掉悔、疑惑、瞋纏、不語結（覆藏罪）、慳、嫉、欺誑、諛諂、無慚、無愧、慢、大慢、慢傲、放逸。

佛陀在各個適當的場合，用了各種適當的語彙，來說明心的病態。像這樣的排列法，前十一項取材於龍山章真的《印度佛教史》，第十二項則取自《中阿含經》卷二十三第九十三經（《大正藏》一．五七五頁中）。

如果再予以濃縮，實則不出貪、瞋、癡，佛稱之為三毒、三不善根、三火。

近代人有將三毒做如此解釋：「心是一種貪欲、行為與不滿足的相續進行而無止境的鍊子；由貪欲、行為與不滿足三者，構成循環。」（周祥光《印度哲學史》卷二第三章）這解釋不一定正確，但頗易理解。

由貪、瞋、癡，而分別出了許多心理狀態的名目，為了對治貪、瞋、癡，又分出了許多心理狀態的名目，這種分析的結果，便出現了後來所稱心王、心所、善心所、不善心所。

因此，佛陀對於心理的分析，不必純以現代心理學的角度視之，佛陀純以對治人之煩惱心而做疏導，現代的心理學則是介乎生理學與社會科學之間的科學；若要勉強辨別，那麼，佛陀的心法是疏導人生之根本的，而現代心理學則是解析人生之表面的。

第二節　王舍城結集

何謂結集　結集（Saṃgīti）有等誦或會誦之義，即是於眾中推出精於法（Dharma）及律（Vinaya）者，循著上座比丘迦葉的發問，而誦出各自曾經聞佛說過的經律，再由大眾審定。文句既定，次第編輯，便成為最早的定本的聖典。

因於佛初入滅，即有愚癡比丘感到快慰地說：「彼長老常言：應行是，不應行是；應學是，不應學是。我等於今，始脫此苦，任意所為，無復拘礙。」（此為聲

聞經律的一致記載）

當迦葉尊者聽到這種論調之後，非常不悅，因而決心立即召開結集佛陀遺教的大會。因此，當迦葉辦完了佛陀的涅槃事宜，許多國王正在爭著迎取佛陀的舍利之時，他便採取更有意義的行動。

據錫蘭的《大史》第三章所傳，迦葉尊者自佛涅槃地趕至王舍城，由於阿闍世王的外護，即在毘婆羅（Vevara）山側的七葉窟（Sapta-parṇa-guhā）前，建築精舍，集合五百位大比丘，做為佛滅後第一次的雨安居處。在此安居期間，自第二個月開始一連七個月（北傳謂三個月），從事結集的工作。首由優波離誦出律藏，次由阿難誦出法藏。此即稱為「五百集法毘尼」，或稱「王舍城結集」，又名「第一結集」。

何時開始有法與律　法與律，雖自第一結集之後始定，但在佛陀時代，已有了專誦律的律師，且於每半月布薩，各比丘均須隨其方處而集合誦戒。

同時佛世也有可誦的經典，例如《根本說一切有部毘奈耶》卷四十四（《大正藏》二十三．八七一頁中），有長者要求國王准許於夜間點燈讀佛經的記載；又於同書卷四十八（《大正藏》二十三．八九二頁上），有「紺容夫人，夜讀佛經」，並說：「復須抄寫，告大臣曰：樺皮貝葉，筆墨燈明，此要所須便，宜多進入。」考察有部律的成立，是在部派佛教時代，此等記載，當係傳說，但於佛世即已有了可誦的經律，則不必置疑。故有謂：「釋尊在世時，聖典的集成部類，至少有法句、義品、波羅延、鄔陀南、波羅提木叉——五種。」（參閱《海潮音》卷四十六第四期第四頁下欄）

釋尊最初未必先已決定何時說法、何時制戒，漸漸地因對於各種問題的處斷、疏解、規定，才分出何者屬於生活規制的律，何者則屬於離欲修定的法。後世則有將律、經、論，配合戒、定、慧，當時卻不必如此呆板的，唯其律是以戒為主，法或經是以定為主，慧即存於戒、定之中。

結集的內容 第一次結集，究竟結集了些什麼？大致說是經、律、論三藏，《增一阿含經．序品》中則加雜藏為四藏，《分別功德論》及《成實論》又將雜藏分為雜藏及菩薩藏，成了五藏。

經是指的阿含部，但與現在所傳的《阿含經》恐有出入，現在的《阿含經》應是部派佛教時代的聖典，因其與巴利文的五《尼柯耶》（相當北傳的阿含部），也有多少不同。

律是指的《八十誦律》，因為優波離以八十次誦完律藏，故名。此已無從得見，今日所傳的各部律藏，均為部派時代的各派所誦，故其內容頗有出入。

論藏的誦出，很有疑問。根據南傳的《善見律》及法藏部的《四分律》，雖說到阿毘曇藏，但未說由何人誦出。《十誦律》說阿難出阿毘曇藏，《大智度論》亦作此說。《根本有部律雜事》，說迦攝波誦出摩窒里迦（Mātṛkā）；《阿育王傳》卷四亦說迦葉自誦摩得勒伽藏；西藏所傳 Dulva 之十一（*Life of Buddha*, p.150 ff），也說迦葉自已結集摩呾里迦，這是出於有部譬喻師的傳說。緬甸所傳謂阿那律誦出七論；真諦三藏所傳的《部執異論疏》，又說富樓那出阿毘曇藏。玄奘《大唐西域記》卷九（《大正藏》五十一．九二三頁上），則說大眾部數百千人不預大迦葉結集之眾，另外集會，結集經、律、論、雜、禁咒，成為五藏。唯此等均為部派及其後所載的傳說，且彼此互異者多，故對王舍城結集時，出有論藏之說，已不為近世學者所採信。

初次結集的人員　我們已知道王舍城結集時，被大迦葉邀請的人，僅五百位上座比丘，據《摩訶僧祇律》（又作《僧祇律》）說是因許多上座比丘已經入滅了，例如舍利弗與目犍連，聽說佛將入滅，他們二人便趕在佛陀之前涅槃，有的大弟子得到佛陀已經涅槃的消息，也都紛紛相繼地涅槃。於是受邀出席結集大會的，只有四百九十九人。其中的阿難，幾乎也被迦葉摒棄於大會之外，說他沒有離欲，不夠參加大會的資格，結果阿難成了羅漢，便滿了五百之數。（除了《十誦律》，均作如此說）

然從多種資料的審查，王舍城結集僅是迦葉一派的人，是少數人的結集，是代表上座比丘之中苦行派的一個大會。唯因此一大會的成果很大，所以極有地位，並也由於排棄了持有異議的多數人，此一大會才得以順利地進行和迅速地完成，否則，大家為了若干異見而大肆爭論，問題就複雜了。可是，由於富蘭那長老一派，未被邀請，也為佛教留下了問題。

富蘭那長老　當王舍城的結集終了，在南傳《善見律》、北傳《四分律》、《五分律》，都說有一位富蘭那長老，率領了五百比丘從南方來到王舍城，亦說是南山（Dakṣiṇā-giri）來，重新與大迦葉論法及律。據南傳《律小品．五百犍度第十一》（日譯《南傳大藏經》第四卷，四三三頁）說出了富蘭那的異議：「君等結集法律，甚善，然我親從佛聞，亦應受持。」《五分律》卷三十（《大正藏》二十二．一九一頁下）的富蘭那則對大迦葉說：「我親從佛聞，內宿、內熟、自熟、自持食從人受、自取果食、就池水受、無淨人淨果除核食之。」這是律制的飲食問題，照大迦葉的意思說這是佛在毘舍離時，因逢饑饉，乞食難得而開禁，後來又制的，所以不以此七事為合法。依據優波離誦出的律文，犯此七事，均為突吉羅（惡作）罪。此雖小事，也可由之見出，除了王舍城結集的內容，尚有其他的異行異見被遺漏了，這也是導致部派分裂的原因。

此一富蘭那長老，當係釋尊第七位比丘，是耶舍的四友之一，而不是說法第一的富樓那。（《海潮音》卷四十六第四期第八頁）

第三節　毘舍離城結集

第二結集的起因　我們已知道，佛世的印度，西方是保守的傳統中心，是婆羅門的化區，東方的摩揭陀一帶，則為新興的自由思想的天地。乃至《奧義書》與業力說，也是在東方的毘提訶王朝（Videha），發展出來。佛陀的釋迦族，便是東方的一支，佛教也是藉此自由思想的環境而發達，所以，佛陀思想之重視實際生活，乃是一個原則。致到佛將入滅之時，恐怕後來的弟子們泥於小枝小節而有礙佛化的發展，便對侍者阿難說：「吾滅度後，應集眾僧，捨微細戒。」微細戒亦稱小小戒，即是佛世對弟子們在日常生活中小枝小節的規定。可見佛陀之重視實際生活的自由取捨，應時制宜，是始終一貫的。

但在第一次結集的大會上，阿難提出這一佛陀的遺訓，卻又忘了未能及時請示佛陀所稱微細戒的範圍何指，致引起一場爭論，最後則由大迦葉以大會召集人兼主持人的地位，做了決定：「隨佛所說，當奉行之，佛不說者，此莫說也。」（《毘尼母經》卷三，《大正藏》二十四．八一八頁中）

上座長老總是比較保守的，若與一般的上座長老比較，大迦葉是保守中的保守者，第一結集的戒律內容，便是代表上座精神的標記，並為上座們鞏固了領導的地位。

然而，例如富蘭那長老所持的態度，雖不為大迦葉一派所接受，它卻潛移默化，受著東方年輕一輩的比丘們所重視。所以，這第二次的毘舍離城結集，從地域上看，是西方系的波吒釐子城與東方系的毘舍離城論爭的表現。因在佛滅之後，佛教的化區，已溯恆河的分支閻牟那河而上，向西擴展至摩偷羅（在今 Jumna 河西岸的 Muttra），成了西系佛教的重鎮。此時東方以毘舍離城為中心的跋耆族比丘，對戒律的態度，即與西系的有所不同，這實是自然的現象。

七百結集的盛況　這時，律中雖說已距佛滅百年，若以參加此一盛會的長老是阿難的弟子而言，可能尚在佛滅後的百年之內。

由於西方系的長老比丘耶舍迦蘭陀子（Yaśa Kalandaka-putra），巡化到東方的毘舍離城，見到東方的比丘們，於每半月的八日、十四日、十五日，用缽盛水，集坐人眾處，乞白衣施錢，有的俗人不給錢，甚至也有譏嫌沙門釋子不應求施金錢的。耶舍長老便告訴求施的比丘們說，這是「非法求施」，又向那裡的俗人說：「汝等莫作此施，我親從佛聞，若非法求施，施非法求，二俱得罪。」（《五分律》卷三十，《大正藏》二十二．一九二頁中）

因耶舍向俗人說了非法施之過，眾比丘便令耶舍向白衣做下意羯磨（向白衣謝過），耶舍做了下意羯磨，但仍懇切地勸導，並且受到許多俗人的讚仰。結果，耶舍不能見容於跋耆族的比丘，便到西方去遊說了幾位有名的大德長老，再來毘舍離召集大會辯論。

耶舍長老不惜跋涉千里，爭取到了以頭陀苦行著稱的波利耶地方的比丘（在摩偷羅西約五百里）、阿槃提地方的比丘、達那（南山）地方的比丘，尤其重要的是爭取到了摩偷羅地方的三菩提長老、薩寒若地方的離婆多長老。跋耆族的比丘也四出拉攏，並以佛原出在他們的地區為由，要求大家助力。

終於，浩浩蕩蕩，共計七百人的大會，在毘舍離城揭幕。因人數太多，一齊參加辯論，恐怕得不到結果，經雙方同意，即各推（上座）代表四人。他們的名字，各部律典記載互異，今參合列舉如下：

薩婆伽羅、離婆多、三菩提、耶舍、修摩那、沙羅、富闍蘇彌羅、婆薩摩伽羅摩，加上一位受戒僅五歲而堪任教化並精識法律的敷坐具之人阿耆多（或阿夷頭），共九人。

九人的審查辯論，實際是代表了七百人的大會，故此稱為七百結集。

十事非法的問題　此一大會，起因雖為乞錢，討論內容則共有十項，稱為跋耆比丘的十事非法，那便是：

（一）角鹽淨：即是聽貯食鹽於角器之中。

（二）二指淨：即是當計日影的日晷，未過日中之後（橫列）二指的日影時，如未吃飽，仍可更食。

（三）他聚落淨：即在一食之後，仍可到另一聚落復食。

（四）住處淨：即是同一教區（界內）的比丘，可不必同在一處布薩。

（五）隨意淨：即於眾議處決之時，雖不全部出席，但仍有效，只要求得他們於事後承諾即可。

（六）所習淨：隨順先例。

（七）生和合（不攢搖）淨：即是得飲未經攪拌去脂的牛乳。

（八）飲闍樓凝淨：闍樓凝是未發酵或半發酵的椰子汁，得取而飲之。

（九）無緣坐具淨：即是縫製坐具，可不用貼邊，並隨意大小。

（一〇）金銀淨：即是聽受金銀。

毘舍離的跋耆比丘，以此十事可行，為合法（淨）；上座耶舍，則以此為不合律制，為非法。第二次結集的目的，即在審查此十事的律制根據。其結果，據各律典的記載，上座代表們一致通過，認為十事非法。

其實，若以佛陀的思想衡量，此十事，正是告知阿難的微細戒可捨的範圍。上座們格於佛制的尊嚴，所以都站在耶舍的一邊了，並且在律文中增補此十事為成文法。可知，第二結集之稱結集，只是為了十事非法的問題而已。

然而，跋耆比丘們，既在上座的代表會議上慘敗，內心還是不平，傳說即有東方系的大眾別行結集，遂與上座派分裂為二。更可注意的是毘舍離的國王，亦不滿客來的少數上座，而加驅逐。於是，東方系的大眾部，西方系的上座部，就此隱然出現了。

第三結集　佛教聖典的結集，傳說中尚有第三及第四的兩次，唯第三次結集，事或有之，而其經過及時代，則難得定論。據印順法師研究，其有上座系所出的三說：

（一）犢子系的傳說：佛滅百三十七年，波吒釐子城有魔，名眾賢，作羅漢形，與僧共諍六十年，遂有犢子比丘，集和合僧而息其諍，那時的護法者，為難陀王。故名第三結集。

（二）分別說系的傳說：佛滅二百三十年頃，華氏城（Pāṭaliputra）有賊住比丘起諍，阿育王迎目犍連子帝須（Maudgaliputra-Tiṣya），集千比丘而息諍，是為第三結集。

（三）一切有系的傳說：佛滅四百年，迦膩色迦王因信說一切有部，集五百大德於迦濕彌羅，集三藏而裁正眾多的異說。（見印順法師《印度之佛教》第四章第三節六十三頁）

有的則以第三項的傳說，稱為第四次結集。其事蹟到後面再為介紹。有關大、小乘聖典結集的資料索引，可以參考望月信亨《佛教大辭典》九〇二至九〇四頁的敘述。

第四節 初期的聖典

聖典的開始 在此所講的初期聖典，是指佛典的初期及型態的完成階段，大約是從佛陀時代到阿育王時代，或更後至部派時代的初期。

在本章第二節，已說到佛陀時代，至少已有法句、義品、波羅延、鄔陀南、波羅提木叉的集成部類，那是弟子們為便於記誦，而將佛陀所說的，做了提綱性的分類編集。

佛滅後的第一次結集，據南傳《大史》所稱，是法與律，但未說出名目。《島史》則說第一結集的法之內容，是九分教。至於包括了論典的三藏之名，最初出現在南傳的《彌蘭陀問經》（*Milindapañha*，相當漢譯的《那先比丘經》），其時代為西元前第一世紀頃），但是也可確定，在佛陀時代，已經有了論的實質，雖尚未曾獨立一科。

律藏與法藏　律的最初型，已難考見，近世學者則以《巴利藏律》，以及北傳漢文系的《摩訶僧祇律》，比較近古。有人以為，律藏初出時分比丘及比丘尼兩大綱，每綱各分毘尼、雜跋渠、威儀法之三類；因此，古本的《比丘戒經》內容，也僅有四波羅夷、十三僧伽婆尸沙、二不定、三十尼薩耆波逸提、九十二波逸提、四悔過，共為一百四十五戒，眾學法，應屬威儀類，七滅諍，應出於雜跋渠類，非屬毘尼類。現在的二百五十戒，顯係後人為了學習的方便，而將眾學法及七滅諍法，附加在戒經之後。有人以為，在阿育王的碑刻中，已有「毘奈耶中，最勝法說」的記載，以之推知，於阿育王之前，已有了定型的律藏。實則根據上座部特重視戒律的原則判斷，第一結集時，必已完成了律藏的初型，那便是傳說中的《八十誦律》，並為後來根本部分裂為上座及大眾二部的律藏所依。部派佛教則多數各有其律。現存的律藏有六部：

（一）南傳上座部的 *Vinayapiṭaka*，巴利文。

（二）大眾部的《摩訶僧祇律》四十卷，東晉佛陀跋陀羅共法顯譯。

（三）化地部的《五分律》三十卷，劉宋佛陀什共竺道生等譯。

（四）法藏部的《四分律》六十卷，姚秦佛陀耶舍共竺佛念譯。

（五）摩偷羅有部的《十誦律》六十一卷，姚秦弗若多羅共羅什譯。

（六）迦濕彌羅有部的《根本說一切有部毘奈耶》五十卷，唐義淨譯。

上座部應先於大眾部，可是南方的上座部，實是上座部中偏於大眾部的分別說系之一支，故仍較《摩訶僧祇律》為後出，其他四部也屬上座部的分部所出，上座根本部的律藏，今已無從求得了。

聖典的另一重要部分，是法。據近人研究，法的遞演，經過三期而後大定：1.集佛陀的言行為九部經（九分教）。2.演九部經為四《阿含經》。3.依四《阿含經》而立雜藏。由雜藏而出大乘藏、禁咒藏，那是大乘的範圍了。

九部經與十二部經　佛滅後，弟子們取佛的言行，依其性質，類集為九部經。那就是：

（一）修多羅（Sūtra）：即是散文的說法，通稱為長行。

（二）祇夜（Geya）：以韻文重將所說散文的內容頌出，通常譯為應頌或重頌。

（三）伽陀（Gāthā）：說法時全以韻文宣出，譯作孤頌或諷誦。

（四）尼陀那（Nidāna）：記述佛及弟子的事蹟、始終、本末，因以事緣常為說法之助緣，故譯為因緣。

（五）阿鉢陀那（Avadāna）：以譬喻說法，或凡因事而興感，皆名譬喻。

（六）闍多伽（Jātaka）：佛陀自說過去世的因緣，兼及重要弟子們的宿行，故稱為本生。

（七）伊帝目多伽（Itivṛttaka）：敘述古佛的化跡，故稱本事。

（八）阿浮達摩（Adbhuta-dharma）：明佛及弟子種種不思議的神跡奇行者，故稱未曾有。

（九）優波提舍（Upadeśa）：對於甚深而簡要的法義，用問答方式來解說，故稱為論議，後世的論藏，即脫胎於此。

在這九部經中，以前三部為最古而最近於原形佛典，故與今之《雜阿含經》相當，《雜阿含經》雖已多所演變，仍可見出其舊貌。因為釋尊的法義的教授，最先類集為修多羅、祇夜、伽陀的三部經；法藏《雜阿含經》的雜，與律藏雜跋渠的雜，其意相同，隨其義類之相應者而鳩集成編，所以，雜為相應之意，乃為原始結集的舊制。

至於第四部因緣至第八部之未曾有，此五部為釋尊景行之類集，性質與前三部大不相同。實則九部經的後六部，即由前三部中分出，初次結集時，是否已有九部之名，乃為近世學者置疑。

再說十二部經之名，根據《大智度論》卷三十三（《大正藏》二十五．三〇六頁下—三〇八頁中），則於以上九部之外，加上優陀那（Udāna，即鄔陀南）即無問自說、毘佛略（Vaipulya）即方廣、和伽羅（Vyākaraṇa）即授記。可是根據小乘經律的考察，授記部是佛弟子因聞修多羅與祇夜而證果者，即別出授記一部。方廣部與大乘的方等、方廣有關，乃是深法大行的綜合。至於優陀那，異名很多，內容不一，大致是後人蒐羅的種種有關法義精要的小集子，後來的雜藏，大抵由此而來。

然而，別以雜藏為後出，其中確有最古之部分，例如法句、義品、波羅延，均可入於優陀那之小集群中，它們卻是很古的，雖其現存的內容，未必全是最古的。

四《阿含》與五《阿含》　阿含是梵語，新譯為阿笈摩（Āgama），義為法歸，有萬法歸趣於此而無遺漏的意思。用巴利語，則名為尼柯耶（Nikāya），其義為集或部。因為南傳巴利文藏所用語文，接近佛世所用的俗語，故一般以為南傳五

《尼柯耶》，較之北傳根據梵文譯出的四《阿含經》，更富於原始色彩，所以近世學者於原始資料的採證也多喜用巴利文聖典來校勘。尤其南傳五《尼柯耶》是由一部所出，北傳譯成漢文的四《阿含經》，所屬的部派不一。

據研究，一切有部有雜、長、中、增一，共四《阿含經》，今存《雜阿含經》及《中阿含經》；化地部加雜藏，成五《阿含經》，今均不存；法藏部亦有五《阿含經》，今僅存《長阿含經》；大眾部也有五《阿含經》，今僅存《增一阿含經》；南傳有巴利語的五《尼柯耶》。

漢譯的四《阿含經》，據宇井伯壽《印度哲學研究》第二（一五〇至一六六頁）說，便是將有部的《雜阿含經》、《中阿含經》，加上法藏部的《長阿含經》及大眾部的《增一阿含經》而成。至於漢文別譯的《雜阿含經》，是屬於飲光部。其他存於四《阿含經》中的別譯很多，亦屬於許多不同的部派。漢譯四《阿含經》，若與南傳的五《尼柯耶》比照，則為：

（一）北傳《長阿含經》，二十二卷三十經；南傳《長部》（*Dīghanikāya*），分為三品三十四經。

（二）北傳《中阿含經》，六十卷二二二經；南傳《中部》

（*Majjhimanikāya*），分為十五品一五二經，其中有九十八經完全與北傳一致。

（三）北傳《雜阿含經》，五十卷一三六二經；南傳《相應部》（*Saṁyuttanikāya*），分為五品二八八九經。

（四）北傳《增一阿含經》，五十一卷千經以上，南傳《增支部》（*Aṅguttaranikāya*），分為一七二品二九一經，覺音以為其有九五五七經。

（五）南傳《小部》（*Khuddakanikāya*），大、小十五經，其中主要的有六種：1.法句（*Dhammapada*），相當漢譯的《法句經》及《法句譬喻經》。2.自說經（*Udāna*），此即優陀那，漢譯中沒有。3.本事（*Itivuttaka*），相當漢譯的《本事經》。4.經集（*Suttanipata*），相當漢譯的《義足經》，即是古之義品、波羅延等。5.長老、長老尼偈（*Thera-theri-gatha*），漢譯中無。6.本生（*Jātaka*），相當漢譯的《生經》。

由此比照，可見北傳雖僅四《阿含經》，但是南傳的《小部》及第五《尼柯耶》中的大部分，漢譯已有，唯其內容稍有出入而已。

四《阿含》與雜藏　四《阿含經》的得名：1.《雜阿含經》，即隨事義之相應者如修多羅、祇夜、伽陀等類別而編次之，例如處與處相應為一類，界與界相應又為一類，故南傳稱為《相應部》，其義相應而文則雜碎，故名《雜阿含經》，非如《開元釋教錄》解為「雜糅不可整理」之意。2.《中阿含經》及3.《長阿含經》，乃是以篇幅的長短得名，經文不長不短者名《中阿含經》，經文很長，則名《長阿含經》。4.《增一阿含經》，是以數字相次而集經，一而二，二而三，一一增加，乃至多法，故名增一。

雜藏的性質，或為四《阿含經》所未收，或自四《阿含經》中集出。而其多數為優陀那的小集，或為本生等的傳說。其源本佛說而為《阿含經》所未集者，故別名謂之雜藏。

此與阿育王時的佛教大勢有關，當時西系上座之深入西北者，尊《雜阿含經》；西系之別為中系（分別說系）者，尊《長阿含經》；東系的大眾部則尊《增一阿含經》。三系所持意見互異。然而中系的目犍連子帝須，態度溫和，似得東系之合作，故在主持第三次結集時，分別取捨東、西各系之善，並對於優陀那小集和本生等傳說，雖有小異，亦視為可以存留，故集為第五雜藏，附於四《阿含經》之後。這也就是南傳五《尼柯耶》之末的《小部》了。

四《阿含經》的類集成編，時地雖不詳，但依各派均共許四《阿含經》為原始聖典的情形來判斷，其成立當在七百結集之前，唯亦未必即是第一次結集時就已出現。從四《阿含經》的內容推定，《雜阿含經》最先，其次《中阿含經》，再次《長阿含經》及《增一阿含經》；因其凡一事而並見於四《阿含經》中的，《雜阿含經》敘述，簡潔平淡，《中阿含經》猶相近，到了《長阿含經》及《增一阿含經》，便化簡潔為漫長，變平淡成瑰奇了。《雜阿含經》是將佛世的法義，化繁為簡，做提綱挈領的摘要，到後來，便又將那些綱領，化簡為繁，敷演成為組織性及辯論性、思惟性的作品，似乎這也算是恢復原貌的工作，於對外弘化的效能而言，是有必要的。

第四章　阿育王與大天

第一節　阿育王的事功

佛教分裂與阿育王　佛教經過第二次結集之後，在對律的態度上，雖已分成上座及大眾兩部，在教團的義理上，尚未有顯著的對立現象。但到阿育王的時代，則已從律制的爭執發展為義理的辯論，而且進步自由的大眾部，已在中印度取得了優勢，根據上座部說一切有部的《大毘婆沙論》卷九十九（《大正藏》二十七·五一一頁下）的記載，把阿育王牽了進去，說阿育王黨同賊住比丘大天的一派，把上座長老們的意見忽視了，所以逼使上座們進入西北印的迦濕彌羅，與中印的進步派分疆教化。

這雖是上座有部的一面之詞，但從深一層考察，摩揭陀地方始終是自由思想的溫床，保守派的不受多數人歡迎，當是可能的，進步派因合於時流為眾所歸，並受到國王的取決多數派而保護之，也是情理之常。

印度的王統　阿育王即是阿輸迦王（Aśoka），他是孔雀王朝（Maurya Dynasty）的第三位君主。印度是個文明悠久的古國，印度之有信實的年代可考，卻在阿育王的孔雀王朝開始。

因此，在未介紹阿育王以前，先略介印度的歷代王統，以觀印度史事演變的梗概。

（一）摩訶三摩多王統：這是最早的王朝，散見於《四分律》、《有部律破僧事》、《佛本行集經》、《眾許摩訶帝經》、《起世經》、《長阿含經》、《彰所知論》等九種經律中，各傳王名不一，且亦沒有時間的記載。

（二）月統王統（Candravaṃśa）：見於印度神話辭書。

（三）日統王統（Sūryavaṃśa）：見於印度神話辭書。

（四）蘇修那迦王統（Śaiśunāga Dynasty）：這是孔雀王朝以前的摩揭陀國，也可以算是正史啟蒙時期，相當於西元前六、七百年或四、五百年頃。見於佛經中的十六大國，即在這個時代；但其每一王的年代，仍然不易清理。

（五）孔雀王統（Maurya Dynasty）：約在西元前四世紀至二世紀頃。此期間佛教大盛。

（六）熏迦王統（Śunga Dynasty）：約在西元前一百八十年頃至八十年頃。第四王補砂密多羅初年，中印有法難，南北印的佛教轉盛。

（七）迦納婆王統（Kaṇva Dynasty，又作康瓦王統、迦恩婆王統）：僅四十多年。

（八）案達羅王統（Andhrabhṛtya Dynasty）：西元前二十七年至西元二三六年。

（九）貴霜王統（Kuṣāṇa Dynasty）：此時印度的南方為案達羅，北方為貴霜，這是大月氏的一族，其有最著名的統治者便是迦膩色迦王。馬鳴、龍樹、提婆、達摩多羅、訶梨跋摩、彌勒等名德，均出此時代。為西元前數十年至第三世紀之末。

（一〇）笈多王統（Gupta Dynasty）：西元四世紀初至六世紀初的時代，無著、世親、羅什、戒賢、堅慧、覺音等均為此時期人。並有那爛陀寺的創建，密教亦開始漸盛。中國的法顯此時赴印，安慧、陳那、清辨、護法等，也在這一階段出現。

（一一）戒日王統（Vardhana Dynasty，音譯伐彈那）：約當西元第六世紀初至第七世紀中葉。此時有龍智盛化密教，月稱在中印大弘空宗，玄奘西遊，法稱再興因明。

（一二）波羅王統（Pāla Dynasty）：這個王朝並非直接繼承戒日王朝而來，然亦頗信佛教，此時密教特盛。

以上王統，多依摩揭陀為中心而予以介紹的。因為印度王統太繁雜，只能舉其大要。

戒日王朝以後，印度王邦林立，王朝迭起，到了西元十二世紀，伊斯蘭教入侵而王朝覆滅，佛教亦因而在印度絕滅！這已到了中國南宋寧宗的時代。佛教起於印度，垂一千六、七百年而亡，原因何在？到本書第十二章中再說。

阿育王其人　孔雀王朝的先世系統不明，但其不是純粹的雅利安人則無疑，有人說阿育王的祖母是賤民階級出身。在西元前三二三年，阿育王的祖父旃陀羅笈多王（Candragupta）創立王業，經第二代賓頭沙羅王（Bindusāra），到第三代阿育王即位，是西元前二六八年，這是根據南傳《善見律》、《島史》、《大史》、緬甸傳說的記載，惟迄目前，阿育王即位之年代，尚有學者在努力考訂中。（參見本

書三十二、三十三頁）

據傳說，阿育王生得很醜，性格頑劣，很不得父王的歡心，適巧北印度的德叉尸羅地方（Takkasilā）發生變亂，賓頭沙羅王即派他去平亂；這是有意送他去死的，所以軍隊的武器裝備都很差。想不到智勇兼長的阿育王，竟然達成了這個任務，做了那裡的總督。因此深受朝臣的擁護，等待父王一崩，他就殺了很多的兄弟，自己掌握政權。大概是因基礎未穩，故到四年之後，在他二十五歲時，始行灌頂即位的大典。依傳說他有一百個兄弟，被他殺了九十九個兄弟，只留一個帝須未殺。但從當時所刻的敕文中，尚有述及他與各弟兄間的情形，可見傳說之不足全信。

據傳記所載，他的父王是受他脅迫而死，掌權後大殺昆仲，又置地獄之刑以處置人民，同時征伐南方的羯陵伽國（Kalinga）即今之阿里沙省（Orīssa），屠殺無數，所以他有一個「暴惡阿育王」的臭名。

據研究，阿育王皈依佛教，可能是在征伐羯陵伽的前一年；當他見了征伐殺戮的慘狀之後，便大生悔心，回來後即親近僧伽，修持佛法，並以輪王政治的理想自許，以和平的正法來建設繁榮安樂的社會，近代由大摩崖法敕第十三章中，也發現阿育王曾有：「依法勝，是為最勝」的誥諭。

阿育王與佛教　從此之後，阿育王的言行，均與佛教有關，研究阿育王的資料，除了梵文的《阿育王譬喻》（*Aśokāvadāna*）、漢譯的《阿育王經》及傳等之外，近代學者所注重的尚有：1.大摩崖法敕七處，分為甲篇十四章、乙篇二章。2.石柱法敕六處，甲六章、乙一章、丙二章。3.小石柱法敕四處，四種。4.小摩崖法敕，甲七處三種、乙一處一種、丙一處一種。5.石板。

等古物是於西元一三五六年以後即被逐漸發現，到了西元一八三七年以後，始由甫林切補氏（J. Prinsep）陸續發現，而根據語源學並得到梵語學者的協助，譯成了英文。

根據大摩崖法敕第一至四章、十一章，及石柱法敕第五章、七章等的記載，阿育王在即位後曾特赦囚犯二十五次，每年開無遮大會一次，此外，禁殺生、行布施、植樹、修道路、鑿井、造佛寺，並建佛塔，遍及全國。又設立正法大官（Dharma Mahamatras），巡迴各地以宣揚正法，廣施仁政，愛護萬民。阿育王曾親自巡禮佛跡，到處豎立石柱，刻敕紀念。此等石柱現尚有部分殘存，已被印度當作古文物的珍寶，收藏保護。阿育王愛護動物的遺風，在印度迄今不衰。

又從敕令的刻文中證實，阿育王曾派遣正法大官至外國弘化，見於法敕中的有希臘五王國：敘利亞、埃及、馬其頓、克萊奈、愛毘勞斯。此一地域是後來耶伊二教的發祥地，佛教給他們的影響，可以想見。向東方則派到柬埔寨。根據佛教教義，以宣揚和平的重要，增進國際的親善。

因此，史家每以羅馬的君士坦丁大帝之擁護基督教，來比擬阿育王之擁護佛教。實則頗為不當，君士坦丁不容忍異教，且其目的是一種政治的手段；阿育王卻在石刻的敕令中告諭人民，不得誹嗤鄰人的信仰，印度教有名的《摩奴法典》，也即在此時成立；宗教的容忍乃被視為當然；其弘揚佛法，乃純出於敬信佛教而奉行仁民愛物的正法。

當時印度的版圖之大，堪稱世無其匹，東部邊界到達孟加拉灣，北方的尼泊爾及喀什米爾兩個王邦，亦入其統轄範圍，南部疆界擴展至波娜河（Panna River）即今之海德拉巴省以南的吉斯特那河，西達阿拉伯海，西北則抵達今日阿富汗境內的一部分。

據《善見律》卷二（《大正藏》二十四．六八四頁中）說，阿育王即位第十七年，請目犍連子帝須為上座，於華氏城召集長老一千人，從事第三次結集，費時九個月。又據說南方巴利藏的《論事》（*Kathāvatthu*），即是此次華氏城結集的具體成果。

結集之後，阿育王即派遣了大批的傳教師，分赴各地弘傳佛法。據《善見律》卷二（《大正藏》二十四．六八四頁下—六八五頁上）所載，他們的領導者及其所到的地方如下：

（一）末闡提（Majjhantika），派至罽賓、犍陀羅吒（Kaśmīra-Gandhāra），即今北印之喀什米爾等地。

（二）摩訶提婆（Mahādeva，即大天），派至摩醯婆末陀羅（Mahisakamandāla），即今南印之賣索爾等地。

（三）勒棄多（Rakkhita），派至婆那婆私（Vanavāsi），今地未詳，或云在南印。

（四）曇無德（Yonaka-Dhammarakkhita），派至阿波蘭多迦（Aparāntaka），即今西印之蘇庫爾以北。

（五）摩訶曇無德（Mahādhammarakkhita），派至摩訶勒咤國（Mahāraṭṭha），即今南印之孟買。

（六）摩訶勒棄多（Mahārakkhita），派至臾那世界（Yonakaloka），即今阿富汗以西。

（七）末示摩（Majjhima），派至雪山邊（Himavantapadesa），即今尼泊爾一帶。

（八）須那迦（Sonaka）、鬱多羅（Uttara），派至金地（Suvaṇṇabhūmi），即今之緬甸。

（九）摩哂陀（Mahinda）等，派至師子國（Tambapaṇṇidīpa），即今之錫蘭。

由此可見，佛教在阿育王時代，即已成了世界性的宗教。他以佛教的教化，溝通了亞洲、非洲乃至達於歐洲的邊緣，負起了洲際的和平使命。

甚至有人以為，《歷代三寶紀》（《大正藏》四十九．二十三頁下）所說，秦始皇時代到達中國的西域沙門釋利防等十八人，雖其傳說無徵，卻與阿育王的時代相當，或即也是受阿育王派遣的一支傳教師罷。（印順法師《印度之佛教》第五章第三節九十五頁）

阿育王對於佛教的功勞極大，對於印度歷史的貢獻至鉅，所以有了一個「正法阿育王」（Dharma-Aśoka）的美稱。但他所建的偉大寺院，現均無一倖存。其所建窣堵波，玄奘所見不下五百，現所發現者，只有二處：一為桑佉（Sañchī）之一聚，一為婆爾呼特（Bharhūt）之塔。其所建石柱或石幢，玄奘見有十六處，現只有九處了。

兩個阿育王　據南方所傳，佛滅百年，毘舍離七百結集，是在迦羅阿育王（Kālaśoka）時，從此分為大眾、上座二部。第三結集則在佛滅二百二十年頃的正法阿育王時，是為賊住比丘起諍而行結集，從此以後，即由大眾部分出東山等六部。

但以北傳所記，佛滅百年有毘舍離七百結集，國王為誰則不明，佛滅百一十六年後（《十八部論》，《大正藏》四十九．十八頁上，謂百一十六年），《善見律》卷一（《大正藏》二十四．六七九頁下）謂佛滅百一十八年後阿育王統領閻浮利地，因大天五事之諍而分為大眾及上座兩部，乃為阿育王時；佛滅二百年滿，因大天五事之諍，嗣後大眾部分出東山等三部。

因此，南傳有兩個阿育王，北傳只一個阿育王。南傳的第一個迦羅阿育王的年代，則相當於北傳的《十八部論》等所說的阿育王。南傳的第二個阿育王是第三結集的中心人物，第三結集也是出於南傳的記載，他卻比北傳的阿育王晚了一百多年。北傳《大毘婆沙論》卷九十九（《大正藏》二十七．五一一頁下），也明白地說：時國王阿輸迦（即阿育王），黨於大天，欲悉殺上座部之聖僧，故彼等去而往迦濕彌羅國。玄奘《大唐西域記》卷三（《大正藏》五十一・八八六頁中），也有類似的記載。此兩說均謂在佛滅後第一百年的事。故此實為佛教史上最難清理的問題。

若細加考察，阿育王時的論諍是有的，但也未必就偏於大天一派的進步思想，依《善見律》（《大正藏》二十四・六八三頁中）的記載，阿育王請目犍連子帝須為上座，選擇了一千位夠資格的比丘，評議論諍的誰是誰非，帝須被迎自阿烋河山中，他是波利東系——上座部分支的人物，即是以上座部的立場而同情大眾部思想的分別說系，他之不為極端上座部所滿意，乃是可能的。他對大眾部的思想，做有分際的認可，也必是事實。此次之稱為結集，並且費了九個月，想必是從教義上做了廣泛的討論。但這年代，絕不如南傳所說的，在佛滅二百二十年頃。何以有此記載，則可能與北傳在二百年滿時的僧團為五事諍論有關。

至於南傳將阿育王分為兩個，迦羅阿育王，義為黑阿育王，「黑」在佛教多用作惡的意思，例如白業黑業，即與善業惡業同義。所以，南傳用迦羅阿育王代表未信佛前的暴惡阿育王（此在北傳《阿育王經》，稱為旃陀阿輸柯王），又用達摩阿育王代表實踐了佛化的正法阿育王。若此說可信，則百年之隔的兩位阿育王之謎，便可揭開了。

此一見解，亦為日人荻原雲來氏，以及我國的印順法師所採取，其可信的程度如何，則尚可做進一步的研考。

第二節　部派佛教與大天

何謂部派　部派猶如中國的宗派，是由持論觀點的不同而個別分立，有的則係出於性格及趣味的相投或相異，便自然地形成道義的結合或者思想的對立。

因此，部派佛教的成立，固在佛滅後百年頃，其遠因卻在佛陀時代已經出現。例如《雜阿含經》卷十六第四四七經（《大正藏》二．一一五頁上—中），一共列舉了十三位大弟子，他們各有眾多比丘於近處經行：上座多聞者近於阿若憍陳如、頭陀苦行者近於大迦葉、大智辯才者近於舍利弗、神通大力者近於目犍連、天眼明徹者近於阿那律、勇猛精進者近於二十億耳、為大眾修供具者近於陀驃、通達律行者近於優波離、辯才善說法者近於富樓那、多聞總持者近於阿難、分別諸經善說法相者近於迦旃延、善持律行者近於羅睺羅、習眾惡行者近於提婆達多。《增一阿含經》卷四十六〈放牛品〉第四十九之第三經（《大正藏》二．七九六頁上），也說：「當知眾生根源皆自相類，惡者與惡相從，善者與善相從。」

唯在佛世，尚無門戶的分立；第一次結集時，始見門戶的徵候；七百結集後，便分成兩部；到阿育王之後，大眾部再次分裂。此次分裂，在年代上，南傳與北傳的資料，雖相差百年，大眾部的再分裂，卻是相同，而且與賊住比丘的起諍之說也相似。其中的關鍵所在，便是大天。

兩位大天　大天的梵名摩訶提婆，他的事蹟見於《異部宗輪論》、《十八部論》、《部執異論》者，均謂佛滅二百年，有外道名大天，於大眾部中出家，住支提山（Caityagiri），亦名制多山，於摩訶僧祇部中復建立三部。又見於《大唐西域記》卷三（《大正藏》五十一．八八六頁中），說大天是在佛滅後第一百年，闊達多智，幽求名實，潭思作論，理違聖教，無憂王（阿育王）不識凡聖，同情所好，黨援所親，並謀屠殺上座聖僧，以致羅漢們用神通逃避到迦濕彌羅去。另在有部的《大毘婆沙論》卷九十九（《大正藏》二十七．五一〇頁中—五一一頁上），對大天的攻擊更甚，說他淫其生母、殺阿羅漢、又殺其生母，共犯了三項無間罪業；又指責他引起諍論的五事妄言。

這均出於上座有部的傳說，事實則未必如此。兩個大天相距也是一百年，可惜在大眾部方面沒有留下可資參考的史料。按諸實情，那位被指為犯了三無間罪的第一大天，即是後來被稱為外道於大眾部出家的大天，有部與大眾部，在見解上站於不兩立的立場，所以對他有犯了三無間罪的指控。

實際上，大天是當時時代思想的先覺者，雖受上座耆宿的攻擊，卻為多數的大眾所擁護。阿育王的王子摩哂陀出家，奉分別說系的帝須為和尚，以有部的末闡提為具足戒阿闍梨，以大眾部的大天為十戒阿闍梨（《善見律》卷二，《大正藏》二十四・六八二頁上）。足見阿育王並未偏黨哪一方，大天也非如有部所傳的那樣罪惡，更非如傳說：阿育王時佛法隆盛，供養豐厚，諸多外道為了衣食而入佛教出家，是為「賊住」，並起紛爭，阿育王乃集眾檢校，然其尚有三百個聰明的外道，通達三藏，無可奈何，乃令他們另住一處，其中即有一人名叫大天，住於制多山，再與大眾部議論其五事，便又分大眾部為三部。

這些傳說，頗不易鑑別其真偽，但我們可以確信，大天不是賊住比丘，也不是被阿育王放逐別住的人物，因為他既是阿育王的兒子摩哂陀的阿闍梨（規範師），他之率眾前往制多山——或即是奉命至摩醯婆末陀羅（即今之賣索爾），也同末闡提等其他八位大德之派往各地弘化，是一樣的性質。

大天五事　大天五事是大眾部與上座部公開決裂的重點，在阿育王時即做明確的諍論，大天大概是佛滅百年左右的人。到第二百年，大眾部重論五事，五事係由大天而來，未必大天本人又在此時參與其事；因諍論大天五事而以為大天也出現於佛滅二百年時，想是出於誤傳。

什麼是大天五事？這是關於阿羅漢身心聖境的五樁事，有部的《大毘婆沙論》卷九十九（《大正藏》二十七．五一一頁上—中），說大天自己未證阿羅漢而說已證阿羅漢果，並且記莂（鑑定）他的弟子也證了阿羅漢。羅漢已經離欲，但他在夜眠中，仍有遺精的事；弟子們受了證果的記莂，弟子中自己卻有不知自己已證四果的；被大天記莂證了聖果的弟子，卻仍然有疑惑；弟子雖被記莂證了阿羅漢果，卻並不知道自己已經入了聖果；羅漢應有解脫之樂，大天卻常於夜間自喊苦哉苦哉。以此五事衡量大天，就被稱為五事妄言。

根據有部的看法：1. 大天是思惟不正而失不淨（遺精）。2. 大天是為討好弟子而亂做記莂，說弟子已證四沙門果。3. 羅漢既依無漏道斷了一切疑惑，羅漢何以尚有疑惑？4.羅漢有聖慧，豈會不自知入了羅漢果位？5.無漏聖道，應依加行而現復，豈會以言聲「苦哉苦哉」為聖道生起之原因？所以證明此為大天的五事妄言。

可是，大天卻將其所唱的五事編成一偈，向弟子們廣為宣揚：

「餘所誘無知，猶豫他令入，

道因聲故起，是名真佛教。」

五事非妄言　大天對其所唱五事的理由是：

（一）餘所誘：羅漢雖無淫欲煩惱而漏失不淨，卻有惡魔將不淨置於羅漢之衣。

（二）無知：無知有染汙及不染汙之二種，羅漢尚未斷盡不染缺汙無知。

（三）猶豫：疑有隨眠性的及處非處的二種，羅漢未斷盡處非處之疑惑，雖為獨覺聖者，尚有此惑。

（四）他令入：羅漢亦唯依他人記莂，始識自己是羅漢，例如智慧第一的舍利弗及神通第一的目犍連，亦依佛陀授記而始自知已解脫。

（五）道因聲故起：至誠唱念苦哉，聖道始可現起。此當與四聖諦之苦諦有關，觀苦、空、無常、無我，即是聖道。

若以五事的本質而言，殊難論斷其為妄語，例如羅漢離欲是屬於心理的，生理上未必就與凡夫不同，況不淨之遺失，有夢遺，也有無夢而遺；有染心遺，也有因病而遺。男人的遺精猶如女人的月信。從律部看，佛世男羅漢有因風病而舉陽，竟遭淫女姦淫的；亦有羅漢尼仍有月信來潮而需用月經布的。若根據原始教理推論，大天五事，無一不可成立，有部論師不究實際，以人廢言，黨同伐異，似不足取。

何況，大天五事，亦未必出於大天的獨創，在南傳的《論事》（日譯《南傳大藏經》五十七卷二二一—二五八頁）中，傳有五事；北傳的真諦三藏及西藏傳的論說中，亦各傳有五事，所釋則不盡相同。所以，近世的學者之間，有人以為，此五事乃為大眾部本末各部的共說，大天不過是將之集為一類，用偈誦出而已。

若加考究，羅漢果位，確非常人可以躐等。然至後世，將羅漢境界理想化為高越不易企盼，則似由於部派間的高揚而形成。審察佛世的羅漢，似尚未至如此高越的程度。

第五章　部派佛教的分張

第一節　分系及分派

四眾　分派之因，多係思想的不同而起，這在前章已說到一些。到了阿育王時，分派之說卻是「四眾」而非二部。《異部宗輪論》及《部執異論》（此二論為同本異譯），均說僧眾破為四眾。

西藏傳的調伏天及蓮華生等，也說佛滅百一十六年，佛弟子以四種語言誦戒，乃分為四派。一切有部以雅語誦戒，係承羅睺羅的學統；大眾部以俗語誦戒，係承大迦葉的學統；（犢子系的盛行者）正量部以雜語誦戒，係承優波離的學統；上座部以（中印方言）鬼語誦戒，係承大迦旃延的學派，並見於西藏布頓所著的《佛教史》（*History of Buddhism* by Bu-ston）。

玄奘所譯的《異部宗輪論》（《大正藏》四十九．十五頁上），所云四眾，是指：1.龍象眾，持律者如優波離之學徒也。2.邊鄙眾，破戒者如大天之流也。3.多聞眾，善持佛語諸經者如阿難之學徒也。4.大德眾，諸大論師如富樓那之學徒也。

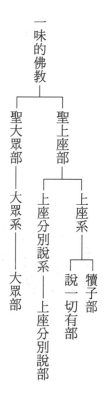

此等分派之說，未必正確，然其至少亦可說明因了語言、地域、師承的關係而有派別之出現。

四大派與三大系　部派佛教的系統清理，是最令人頭痛的問題，但用科學的方法來予以考察，仍可得出一個條理。根據印順法師的研究，他把部派佛教分成四派、三系、二部、一味，其表如下：

- 一味的佛教
  - 聖上座部
    - 上座系
      - 犢子部
      - 說一切有部
    - 上座分別說系——上座分別說部
  - 聖大眾部——大眾系——大眾部

這是部派佛教的基礎，由根本佛教，分成上座與大眾兩部。上座部東系的一支分別取捨上座及大眾兩部的思想，立足於上座部卻頗同情並吸收大眾部的一部分進步思想，所以成為分別說系。西系的上座部由於僻處西北印的迦濕彌羅，不與東方接觸，所以發展成為獨立的有部思想；後來內部思想有了歧見，又再分裂。據大眾部所傳，後來的紅衣（錫蘭銅鍱）部、法藏部、飲光部、化地部、均屬分別說系。它們不是極端的反大眾部者，後來大眾部轉出為大乘佛教，分別說系的聖典，多少亦有這種傾向，例如法藏部（曇無德部）出現較晚，該部所屬的《四分律》，被我國的道宣律師，視為通於大乘，也有其遠因存在了。

枝末的分裂 所謂枝末分裂，即是由大眾部及上座部的再分裂、又分裂，由此，二部、三系、四部、十八部、二十部，南傳的則稱為二十四部，便陸續出現。

在北傳的資料中，說到部派分張的有：西藏所傳跋貝耶（Bhavya，清辨）的教團分裂詳說；漢譯的《文殊師利問經》、《舍利弗問經》、《十八部論》、《部執異論》、《異部宗輪論》；南傳的有《大史》；大眾部有清辨造的《異部宗精釋》。據木村泰賢說，關於部派分裂，並有八種不同的傳說。

其中以南傳的《大史》，漢譯有部的秦譯《十八部論》（《大正藏》四十九．十七頁中——十九頁下）、陳譯《部執異論》（《大正藏》四十九．二十頁上——二十二頁下）、唐譯《異部宗輪論》（《大正藏》四十九．十五頁上——十七頁中），和大眾部的《異部宗精釋》為重要。另有正量部所傳的亦足參考。

本書因為藏傳、《文殊師利問經》及《舍利弗問經》的分派，與有部說大同，故從略，有部三論則以《異部宗輪論》（《大正藏》四十九．十五頁上）為代表。茲列四表如下：

（一）南傳分別說系上座部的《大史》第五章所傳❶：

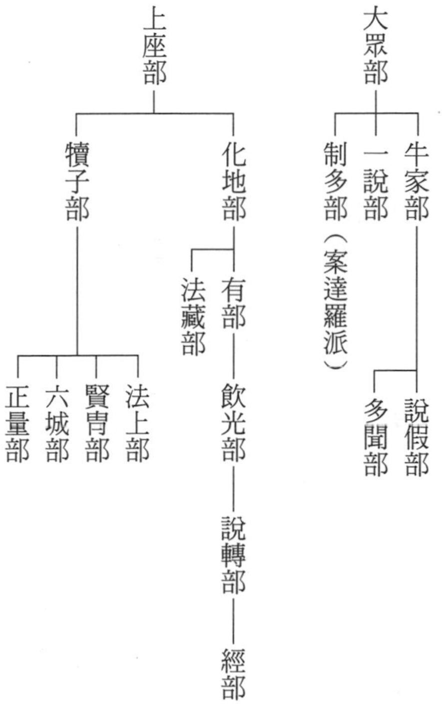

後代印度分裂
- 雪山部
- 王山部
- 義成部
- 東山部
- 西山部
- 金剛部

錫蘭部派
- 大寺派
- 無畏山寺派
- 法喜部
- 祇陀林寺派
- 海部

（二）北傳上座系有部的《異部宗輪論》所傳：

1 大眾部
- 2 一說部、3 說出世部、4 雞胤部 —— 第一分裂 —— 在佛滅後二百年中
- 5 多聞部 —— 第二分裂 —— 在佛滅後二百年中
- 6 說假部 —— 第三分裂 —— 在佛滅後二百年中
- 7 制多山部、8 西山住部、9 北山住部 —— 第四分裂 —— 在佛滅後二百年滿時

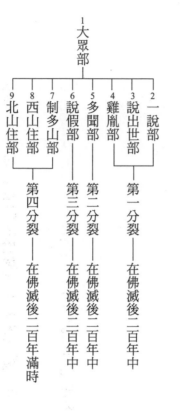

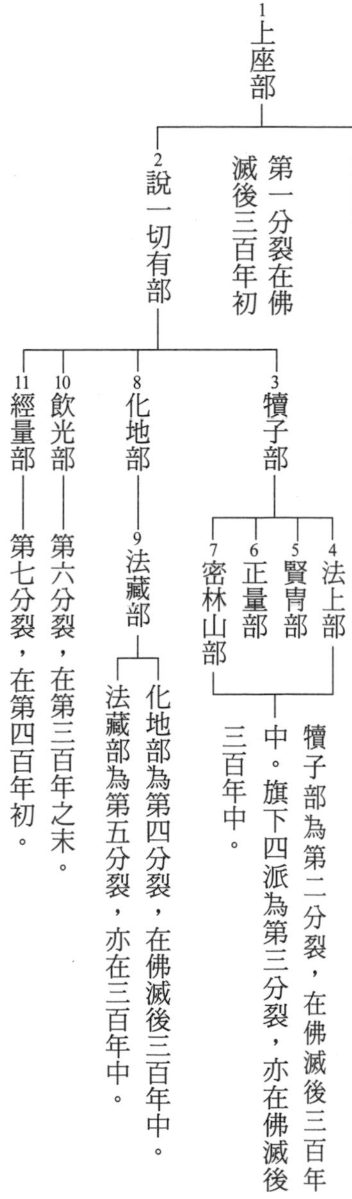
1 上座部
雪山部
第一分裂在佛滅後三百年初
2 說一切有部
3 犢子部
4 法上部
5 賢冑部
6 正量部
7 密林山部
犢子部為第二分裂，在佛滅後三百年中。旗下四派為第三分裂，亦在佛滅後三百年中。
8 化地部
9 法藏部
化地部為第四分裂，在佛滅後三百年中。
法藏部為第五分裂，亦在三百年中。
10 飲光部
第六分裂，在第三百年之末。
11 經量部
第七分裂，在第四百年初。

（三）大眾部系的清辨所造《異部宗精釋》所傳：

- 大眾部
  - 根本大眾部
  - 東山住部
  - 西山住部
  - 王山住部
  - 雪山部
  - 制多山部
  - 義成部
  - 牛家部

- 上座部
  - 說一切有部
    - 根本說一切有部
    - 經量部
  - 犢子部
    - 正量部
    - 法上部
    - 賢冑部
    - 六城部（密林山部）
  - 分別說部
    - 化地部
    - 飲光部
    - 法藏部
    - 銅鍱部

（四）正量部所傳：

大眾部——本末六部，同分別說系所傳，唯以雞胤稱牛家，並以制多山為牛家部所出。

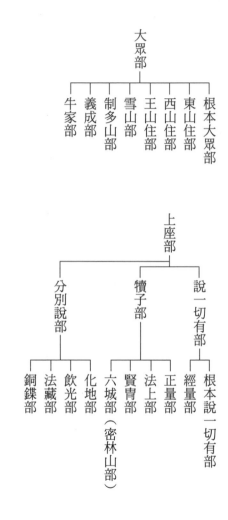

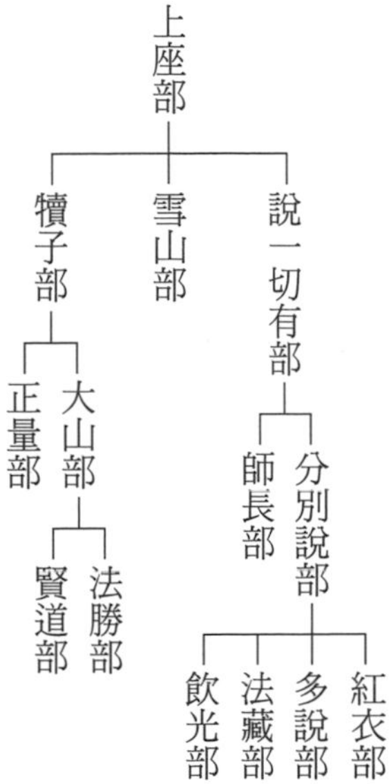

分部的推定　從以上列表看來，可謂洋洋大觀，但是各說互有出入，究竟以何為準，論者意見也不一致。因為各派均以自家的立場並欲提高自家的出身而做部派之間的說明，所以吾人不應盡信某一家之言，亦不應盡棄某一家之言，唯有集各家之言以做審查推論，始可得到近乎可信的史實之真貌。至於如何審查推論，就要靠我們的智慧來判別了。

就大致上說，各家所傳者，多以自宗列為基礎的本部。分別說系的，自以為是上座部的本部，說一切有部的，也以自宗為「根本」部，這是主觀的說法。故對上座部分派次第，宜以大眾部所傳的較可信，因其站在客觀立場，不必加入自宗的成見。

現舉印順法師的《印度之佛教》第六章第二及三節（一〇四—一二〇頁），及《說一切有部為主的論書與論師之研究》的〈序論〉（十二—十四頁）所見者，介紹如下：

- 大眾部
  - 第一期分裂三部
    - 一說部
    - 說出世部
    - 雞胤部
    - 在王舍城北之央掘多羅區
  - 第二期由雞胤部分裂二部
    - 多聞部
    - 說假部
    - 在佛滅後二百年頃，並以釋尊及門住定弟子從雪山來而分部。
  - 第三期由制多部分裂多部
    - 東山部
    - 西山部
    - 佛滅二百年滿已，大天系的學者，因環境及當地文化的影響，分出幾個部派。

- 上座部
  - 犢子部
    - 正量部
    - 法上部（法勝）
    - 賢道部（賢冑）
    - 六城部（大山、密林山）
  - 說一切有部——說轉部（為本計）——經說部（為末計即譬喻師）
  - 雪山部
  - 分別說部
    - （赤）銅鍱部（傳於錫蘭者）
    - 法藏部
    - 飲光部
    - 化地部

上面的推定說，是以眾說一致者為定說，各說互異者則參考其客觀的方面來推論，並稽核其宗說之特質及先後相互之關係為準繩，所以是比較可取的。它的理由則請參閱原著，本書以篇幅所限故從略。

註解

❶大眾、上座諸派，於佛滅百至二百年間分裂；雪山部以下，則在大眾部、上座部諸派以後分裂。

第二節　部派的思想

究竟有幾部　部派，大致是以各自所依的見解而分裂，相傳是十八部，加上大眾部及上座部的根本部，則成為二十部，但在現有的資料中，唯有上座部系的說一切有部及經量部的遺產最豐富，它們有許多部論典，可資吾人的研究。其他部派的思想，也是藉著有部論典中的間接敘述，而得到一些概念。特別是大眾部，它雖分有本末九部，它的論書是少得幾乎沒有。

說到律，我們必須知道，部派佛教之中，有的重視戒律，有的則對戒律不做爭論。重視戒律問題的部派，為了所持意見的不同，便依根本律的解釋而形成他們自己的律藏；對戒律不做爭論的部派，雖在某種意見上不一致，但仍採用他們根本部的律藏，做為僧團生活的依據。

因此，傳說中的二十部，既沒有二十部派的經論留下，也未必就有二十部派的律藏留下。實際上也不一定真有二十個部派，若細分析，又未必僅僅二十個部派。可是，二十部是北傳佛教的通說。

律分五部　從律藏的分裂而言，通常是說「律分五部」，律分五部的傳說，也有三類：

（一）《大集經》所傳：曇摩毱多、薩婆帝婆、迦葉毘、彌沙塞、婆蹉富囉。

（二）薩婆多部的師資所傳：曇無德、摩訶僧祇、彌沙塞、迦葉維（遺）、犢子。

（三）《僧祇律私記》、《舍利弗問經》、《大比丘三千威儀》、《佛本行集經》等所傳：曇無德、彌沙塞、迦葉遺、薩婆多、摩訶僧祇。

在此三類傳說之中，大致相似而略有出入，據印順法師的意見，是以第三說最能見其古意。至於今日傳存的六部律藏，本書已在第三章第四節中介紹。

何時分裂　各部派究於何時分裂，傳說也不一致。近代學者之中的望月信亨博士，在其《佛教大年表》中假定了如此的幾個上座部派：

說一切有部：佛滅後第三百四十五年（西元前一四一年）。

犢子部：佛滅後第三百八十五年（西元前一〇一年）。

法上部、賢胄部、正量部、密林山部，相繼自犢子部分出；化地部從說一切有部分出；法藏部又從化地部分出。均與犢子部的年代相近。

飲光部：佛滅後第四百二十五年（西元前六十一年）。

經量部：佛滅後第四百四十五年（西元前四十一年）。

這是以上座部根本分裂於阿育王時代的看法，是據南傳記載以阿育王即位於佛滅後二一八年（西元前二六八年）。實際上，大眾部的分裂要比上座部的分裂尚早出一百年，上座部受了大眾部思想的刺激，才有分裂的。若與北傳的《異部宗輪論》相比，尚約有百年之差。

二十個部派　根據《異部宗輪論》的記載，共有二十個部派。實際上最盛行的，只有大眾部、南方上座部、印度大陸的說一切有部、正量部、經量部，一共五部。五部之中有思想體系的，也只有大眾部、說一切有部、經量部，一共三部。三部之中思想最繁瑣的，僅是說一切有部而已。

不過，既有二十部的名目，我們應該根據《異部宗輪論》（《大正藏》四十九．十五頁中）所列的介紹一下：

（一）大眾九部：

1. 大眾部（Mahāsāṃghika）：這是大眾根本部，音譯為摩訶僧祇。它的思想，到下一節再講。

2. 一說部（Ekavyavahārika）：此依其所立的宗義而命名，所以，《文殊師利問經》（《大正藏》十四．五〇一頁中）把它稱作「執一語言部」。窺基的《宗輪論述記》（《卍續藏》八十三．四三五頁上），說此部主張：「世出世法，皆無實體，但有假名。」因此近世學者有以為此與大乘般若的「無相皆空論」，以及與馬鳴、龍樹所倡的「諸法實相論」，有一致的地方。

3.說出世部（Lokottaravādina）：此部也是依其所立的宗義而得名。《十八部論》稱它為「出世間說部」，《文殊師利問經》稱之為「出世間語言部」。此部主張：世間法從顛倒而生煩惱，由煩惱生業，由業生果報，果報是苦；出世間法是由道而生，修道所生的道果，便是涅槃。可見此派係對四聖諦做了認識的批判，苦、集二諦為妄非實，道、滅二諦是真實法。此雖與大乘的假、實、真、妄有距離（因為此是相對的，大乘是絕對的），但其仍被窺基及法藏等以為是分通大乘的教義。

4.雞胤部（Kaukkuṭika）：《部執異論》稱此為「灰山住部」，《十八部論》（《大正藏》四十九．十八頁上）稱其為「窟居部」，《文殊師利問經》音譯為「高拘梨柯部」，《宗輪論述記》以其為「憍矩胝部」。此部以經、律二藏為方便教，以論藏（阿毘達磨）為真實教。所以主張「隨宜覆身」（有三衣無三衣均為佛所許可）、「隨宜飲食」（時食及非時食均為佛所認可）、「隨宜住處」（結界或不結界均非為佛所計較），但能求其速疾斷除煩惱，即是佛意。此派生活不滯於教條，自由而嚴肅，精進用功，修為過人。此在當時的印度，確是進步的、革命的新思潮。可是，如果不能精進用功，而僅高唱此派的三點主張者，佛教就要亡了。

5. 多聞部（Bāhuśrutīy）：《部執異論》稱其為「得多聞部」，有博學之義。此部的祖師，祀皮衣羅漢，與《奧義書》的中心人物 Yājña Valkya 同名，故有人以為此部思想有參考《奧義書》的哲學型態。《部執異論疏》中說：「《成實論》從此部出，故參涉大乘意也。」唯據《異部宗輪論》介紹的，並不能發現它有大乘的深義。

6. 說假部（Prajñāptivādina）：《文殊師利問經》未見此部之名，佛音（Buddhaghosa，或譯覺音）所著的《論事注》（*Kathāvatthu-aṭṭhakathā*），亦未說到此部。《十八部論》（《大正藏》四十九．十八頁上）稱此為「施設論部」，《部執異論》以此為「分別說部」或「分別部」。此部以《施設足論》為其中心思想。此部對於「現在」的「法」，以為現實世界之一面是「假」的，另一面是「真」的，此假與真的思想，至《大乘起信論》時，便成了真、妄兩面的大乘世界觀。窺基的《唯識述記》又說：「今說假部，說有分識，體恆不斷，周遍三界，為三有因。」如果此部真的有此「有分識」之說，那就可說大乘阿賴耶識的思想，是由有分識而開展來的了。

7. 制多山部（Caitya-vādin）。

8. 西山住部（Arara-śaila）。

9. 北山住部（Uttaraśaila）。

以上三部，是大眾部最後分出，據《宗輪論述記》，說在佛滅後二百年滿時，外道大天在大眾部中出家，與彼部僧重詳五事，因茲乖諍，分為三部。為了重詳五事而分裂，但此事應在大天南遊弘化數十年後，乃是承大天五事之大眾部學者，可能是為了思想及住處的隔離而分裂成數派。《部執異論》說這次分裂成支提山（即制多山）及北山住之兩部。《文殊師利問經》則說此次分為東山及北山二部。據佛音的《論事注》，稱東山、西山、王山、義成山之四部為案達羅派。據玄奘《大唐西域記》稱大案達羅，城側之東山、西山，有二古寺，舊屬於大眾部。

如果要問案達羅在何處？這要考察支提山的位置，據日本《國譯大藏經》論部卷十三附錄載，它是在吉斯特那河（Kistna R.）畔的別克士韋陀（Bexvada）市對岸的支提山。此處的案達羅，即是指南印度哥達瓦里河（Godavari R.）以南，並包括吉斯特那河以北的地區。這裡的土著，有其特殊的文化及信仰，大眾部佛教受其熏染而再分裂，是可能的。婆羅門教濕婆派的夜叉、羅剎等，均為此等南方民族中的產物，在濕婆神像之中有同其妻擁抱淫褻之姿，今之印度教中，尚有男女生殖器的崇拜。到了大乘的密教，就有以男女性交為修持法門的情形出現。大眾部在案達羅派之後，即消融於大乘佛教，初期的大乘出現在南印度，大乘密教，也說由「開南天（竺）鐵塔」而得。

（二）上座十一部：上座部最初分派，出了說一切有部，據說上座的根本部者，因見解不同而離開了舊住處，轉到雪山之麓，成為雪山部。所以，連雪山部算起來，上座雖稱十一部，卻有十二部的名目，可資介紹的則仍為十一部。

1.雪山部（Haimavata）：《十八部論》（《大正藏》四十九．十八頁上）稱此為「先上座部」，《部執異論》名此為「上座弟子部」，《異部宗輪論》名此為「本上座部」。但此部的宗義，大多與一切有部相反，倒與大眾部接近的多，採用大天五事，即其一例。又主張沒有「中有」，亦與大眾部一致；一切有部是相信有情眾生在「欲色界，定有『中有』的。因此，根據大眾部及分別說部（如《大史》）所傳，則將雪山部列入大眾部的末派。據印順法師的推定，仍以有部所說的為當。

2. 說一切有部（Sarvāstivāda）：此部思想嚴整而廣博，當以另節介紹。

3. 犢子部（Vātsīputrīya）：《部執異論》稱此為「可住子弟子部」，《唯識述記》又稱此為「皤雌子部」。此部是繼承《舍利弗阿毘曇》的思想而來，對此思想之不足處，加以補充的解釋，由於所見不同而再分裂。此部雖自上座部分出，卻受大眾部教義的影響很深，而一般學者均以舍利弗持有大乘思想，故在犢子部，將如來一代教法分為五藏：過去、現在、未來（此三是有為法）、無為（無為法）、不可說（非即非離蘊我），此五藏的「不可說藏」，就彷佛於大乘的如來藏。此部以本體論的中心，便是「非即非離蘊我」的不可說藏，破斥凡夫的「即蘊我」及外道的「離蘊我」，而以非即非離蘊我做為諸法的本體。因此，這一不可說藏，又相似於大乘阿賴耶識的思想了。但此部仍執有一個諸法本體的「我」，故被清涼國師在《華嚴玄談》卷八中評為「附佛法外道」。然其雖未及於如來藏或阿賴耶識的境地，卻為大乘的唯識思想先鋪了路。

4. 法上部（Dharmottarīya）：《文殊師利問經》稱此為「法勝部」，《十八部論》（《大正藏》四十九．十八頁上）音譯為「達摩鬱多梨部」。

5.賢冑部（Bhadrayānīya）：《文殊師利問經》名此為「賢部」，《十八部論》音譯為「跋陀羅耶尼部」，《部執異論》名之為「賢乘部」。

6.正量部（Sammitīya）：此部是犢子部下四部之中最盛的一派，《文殊師利問經》名其為「一切所貴部」，《十八部論》（《大正藏》四十九．十八頁上）音譯為「三彌底部」，《部執異論》名為「正量弟子部」。窺基的《宗輪論述記》中說：「此部所立，甚深法義，刊定無邪，目稱正量，從所立法，以彰部名。」西元四三二年從印度到錫蘭去的佛音，在其撰著巴利文《論事注》時，正量部尚在流行；又從《大唐西域記》知道，玄奘遊印時（唐太宗貞觀三年至十九年，西元六二九至六四五年），正量部尚多行於中印、南印、西印地方，東印亦有少許；稍後義淨的《南海寄歸內法傳》（《大正藏》五十四．二〇五頁上—中），也說到此部有三藏三十萬頌，並說當時此部行於西印之羅荼、信度地方者最多，摩揭陀以及南海諸洲，亦有少部分傳存。可惜在現存的資料中有關犢子系下四部的記載太少，正量部的教義，則見於不知何人所撰及所譯的三卷《三彌底部論》（《大正藏》三十二．四六二頁上—四七三頁上）。此部也是有我論者，大體與犢子部相同，唯其繼大眾部末派的思想而將大地、命根等「色法暫住」的思想加以分析，把色法的生滅觀，分為兩類：⑴心心所、聲光等，為剎那滅；⑵身表業色、不相應行、身山薪等，為一期滅。因此，若以西方哲學來看，正量部似屬於「現實的實證論」或者「經驗論」者。

7.密林山部（Ṣaṇṇāgarikāḥ）：《文殊師利問經》稱此為「芿山部」，《十八部論》（《大正藏》四十九．十八頁上）稱之為「六城部」，《部執異論》名之為「密林住部」。

法上、賢胄、正量、密林山，此四部所存資料奇缺，據《異部宗輪論》（《大正藏》四十九．十六頁下）說是為了對一偈解釋的不同，而在犢子部下分為四派，那一偈便是：

「已解脫更墮，墮由貪復還，
獲安喜所樂，隨樂行至樂。」

此偈的異解，請參看《宗輪論述記》（《卍續藏》八十三．四六〇頁）。但在現存犢子部的教義中並沒有此一頌文，現存的《舍利弗阿毘曇》裡面也無此頌。

8.化地部（Mahīsāsakāḥ）：這就是傳有一部《五分律》的彌沙塞部，北傳《異部宗輪論》說它是從說一切有部分裂，南傳《大史》則說它是直由上座本部分裂，大眾部則以化地部為上座部分別說系之一，而與飲光、法藏、銅鍱三部一樣。《文殊師利問經》稱此為「大不可棄部」；《十八部論》以此為「彌沙部」；《部執異論》名此為「正地部」。另有「教地」、「彌嬉捨婆挹」、「磨醯奢娑迦」、「彌嬉捨婆柯」之名。《出三藏記集》卷三（《大正藏》五十五．二十一頁上）說：「佛諸弟子，受持十二部經，不作地相、水、火、風相、虛空、識相，是故名為彌沙塞部。」此部思想，本宗同義者，頗類於大眾部，末宗異義者，則繼承一切有部。據《成唯識論》卷三所言，化地部的「窮生死蘊」，相當於第八阿賴耶識。據《無性攝論》卷二所言，此部說有三蘊：⑴一念頃蘊（一剎那有的生滅法）。⑵一期生蘊（乃至到死的恆隨轉法）。⑶窮生死蘊（乃至得到金剛喻定時的恆隨轉法）。由此可知窮生死蘊相似於大乘第八阿賴耶識。此部的本體論，立九無為說，是受大眾部的九無為思想啟示而成立，其中異於大眾部的有善法真如無為、不善法真如無為、無記法真如無為，此善、不善、無記之三性真如的思想，又相似於一切如如的大乘思想；其三性真如及不動無為之四項異於大眾部，宜為由大眾部過渡到大乘唯識，整理成六種無為思想的橋樑。《異部宗輪論》（《大正藏》四十九．十七頁上）說此部主張：「佛與二乘，皆同一道，同一解脫說。」此「同一」的意思，似乎是說真智本體並無差別。且其又主張：「僧中有佛，故施僧者，便獲大果，非別施佛。」至其末宗，竟認為供養窣堵波（佛塔），所得功德少。此也不能不想到化地部已有「吾人即是佛」（人皆可為因地之佛）的大乘的先驅思想了。

9. 法藏部（Dharmagupta）：《文殊師利問經》稱此為「法護部」，《十八部論》譯為「曇無德部」，嘉祥的《三論玄義》，以法護為人名，是目連的弟子。這個目連，可能不是佛世以神通著稱的大目犍連，而是阿育王時的目犍連子帝須，就是那位傳稱第三次結集的主持人，北傳的優婆屈多（Upagupta），也即是此人；曇無德，便是他的弟子。如據窺基的《宗輪論述記》及《義林章》所說，此部有經、律、對法（阿毘達磨）、明咒、菩薩之「五藏說」；但此菩薩藏是將大眾部的雜藏改變，其餘四藏亦多同大眾部。此部特重明咒藏（Mantra）及菩薩藏（Bodhisattva-piṭaka），而開後來大乘密教之端緒；日本東密以達摩鞠多為龍智菩薩的別名，而達摩鞠多與法藏部主 Dharma-gupta（法藏）的梵語相同，密宗的龍智，或不即是法藏部主，然亦不無淵源。漢譯的《四分律》，即出於此部。此部承受大眾部的思想頗多，所以日本凝然的《通路記》，把法藏部攝於大眾部的一系。但它畢竟是上座部的分別說系所屬。

10.飲光部（Kāśyapīya）：《文殊師利問經》稱此為「迦葉比部」，《十八部論》稱為「優梨沙部」，《部執異論》稱為「善歲部」或「飲光弟子部」，另有「迦葉惟」、「迦葉遺」等，乃是以部主之名而得名。據日本《國譯大藏經》論部第五十二的結集史分派史說，此部可能是由阿育王時的迦葉惟被派至雪山地方弘化而興起的一派。據印順法師的《印度之佛教》第六章第三節一一八頁說：此部與化地部、法藏部，化行於印度大陸，於聖典多有改作，與大眾部系的多聞部、說假部，同其作風；或融入《吠陀》而尊為佛說，或仰推目犍連的神通以證實明咒之可信，或以破外及對內之論爭而別為撰集。

11.經量部（Sautrāntika）：《部執異論》名此為「說度部」或「說經部」，《十八部論》稱此為「僧迦蘭多」或「修多羅論」，正量部傳稱此為「師長部」，唯各部所傳均以此部為從說一切有部分出。說度部的梵名是Saṁkrāntika（轉移Vāda（說），故在南傳的《大史》，以為經部出於說轉部，實則說經及說轉，同為經量的本末二計。此部出於有部，但受大眾部的影響，而對有部思想採取批判的立場，後來大乘唯識思想，由經部而出者很多。例如色、心互熏的種子說，約「種子曾當」而說三世；唯識的「道理三世」，雖見於《瑜伽師地論》卷五十一（《大正藏》三十・五七九頁上—五八四頁中），但在經部的鳩摩羅多論師，已是這一思想的先兆。又如經部的「細意識」說，以為「滅盡定細心不滅」、「執無想定細心不滅」，亦即是根本識第八阿賴耶識的先驅思想。不過，經部畢竟仍是小乘，它的色、心互熏說是二元論，唯識家則以萬法不離識，乃是一元論。由鳩摩羅多的細意識，到室利邏多則進而主張勝義我（勝義補特迦羅），此為微細而不可設相的「真實我」，大概可解為「法我」之執，所以仍是小乘。但由此往上一步，便是大乘「無我」的「實相」了。所以，「勝義我」有常住不變義，乃是大乘「真常唯心」思想的先驅。

第六章　大眾部及有部的教義

第一節　兩個根本部派

兩部的特質　在阿育王時代，佛教自中印度向南印度發展的，是大眾部，以大天為中心人物；自中印度向西印度及西北印度發展的，是上座部，可能是以末闡提為中心人物。當南方的大眾部由一味而再三分裂，乃至消失於大乘佛教中時，由於南方王朝勢力的向西北方推進，西北方的一味的上座佛教，便受到新思潮的激盪，內部發生了再分裂。其中自以為是保持上座根本部思想的說一切有部，便是再分裂後最大的一派。

大眾部是重視佛陀的根本精神的發展，基於自由思想及實際生活的要求，一面在對佛陀的觀念上趨於理想化，一面在現實的生活上則要求人間化。

說一切有部則適巧相反，為對於原始的經義的保守，為基於對經律的整理疏釋的要求；一面在對佛陀的觀念上仍保持人間化，一面在現實的生活上則趨於學究化。

因此，大眾部終究盛大了大乘佛教，它所留下的典籍，卻僅有一部佛傳《大事經》，據說是大眾部下說出世部所傳，論典是一部也沒有。

要知大眾部的思想，尚須從有部等其他上座系的典籍中去找。至於說一切有部，它有以《發智論》為首的七論，到了迦膩色迦王時的第四次結集，又出現了一部二百卷的《大毘婆沙論》而集有部論書的大成。

有部對經義的疏釋及組織條理，是如此努力，對於律儀的發揮，也有超過任何一個部派的成績：先有西印摩偷羅有部的《十誦律》六十卷，以及解釋《十誦律》的《薩婆多論》；次有西北印迦濕彌羅的《根本說一切有部律》（略稱《有部律》）五十卷，但此部的律書為義淨三藏譯成漢文的，多達十八種，計一百九十八卷，傳譯到西藏去的律典，也是《有部律》的一部分。

正因為有部學者的學究氣味太濃，佛教便與人間脫節，也與實際的修道相背。要想學佛而知佛教者，必須出家，窮其畢生的歲月，在寺院中鑽究浩繁的論書。這不是平易近人的佛教，佛教學者也只求其自我的解脫。後來被大乘佛教貶為小乘的對象，多分是指的他們。

現象論　觀察萬有的活動，為現象論。大眾部主張「現在有體，過未無體」。有部則主張「三世實有，法體恆有」。同樣是說過去、現在、未來的三世，同樣是把萬法的變易，放在過去、現在、未來的三個位置上來觀察。大眾部只承認當下的現在為實有，過去的已成過去，未來的尚未出現，以為過去及未來是由現在法所推定而有的名稱。於現前一剎那，名為現在法，此乃是由於現在主觀的存在。過去及未來的客觀法，不能離開認識的主觀法而存在，所以稱為「過未無體」而「現在有體」。

這是基於緣起觀的思想，以為三世的存在，並沒有獨立的實體性。因為現在法永遠都在變成過去而進至未來，但其仍有暫住於現在的觀念，故被稱為「色法暫住」說。

至於有部之稱為有部，《部執異論疏》謂：「其說一切有義故，用標部名。」主要是「三世實有，法體恆有」。有人以為，這是採用了外道的自然哲學的思惟方法，而完成的教系；有人並以此「有」為「實在論」的有；有人把此「實有」、「恆有」，說成「物質（能）不滅」、「勢力恆存」。卻更有人以為有部之

「有」，是基於原始教義「諸行無常」的開展，乃是無常、無我的具體表現或延長。這種實有觀，有現代實存哲學（Existential philosophy）的傾向。因為三世是現在一剎那的內容，正如有人所說：「現在是過去的兒女，也是未來的父母。」現在的一剎那雖已不是過去，也不是未來，卻是過去的繼續，也是未來的源頭，所以是「三世實有」的。一切事象，均是生滅於剎那的變化，前一剎那到後一剎那，已不相同，無數事象在每一剎那，均不相同，因此，在一法（事象）之上，即建立有無數的法體，各各無數的法體，又無不涉及過去、現在、未來的三世，三世既是實有，其一一「法體」，也必是「恆有」的，然而，法體是使「色」（事象）能成為其自相，使其時時出現於現在而充足它自己。所以法體的「恆有」，是指它的每一剎那的自相的價值次第，而不是在時間次第上的「常有」。法既無常，必然是無我。

可見，大眾部是基於緣起觀而立論，說一切有部是基於無常、無我而發展，開出的理念雖不同，基本的源頭則均是佛陀的遺教。

本體論　追究現象的根本，為本體論。大眾部的本體論，是「無為法論」。將一切法分成有為及無為的兩類，乃大眾部及上座部的通說，但其所立的內容，頗有不同，上座部的無為法，完全落於虛無的狀態，是屬於消極或否定的，大眾部則以「無為」有生起萬法的能力（所以這是化地部真如無為緣起的先驅），是規定有為法的根據和法則，是屬於積極或肯定的。

為便於明瞭兩部及各派對無為法的差別起見，列表如下：

看這表，我們不難知道：無為法的本體論，上座系是樸素而較保守小乘型態的；以大眾部的九無為法為主的，是理想發展趨向大乘型態的。屬於分別說系的四派，均是受大眾部思想的影響而成立，所以化地部進一步，建立三性真如及不動（見上節化

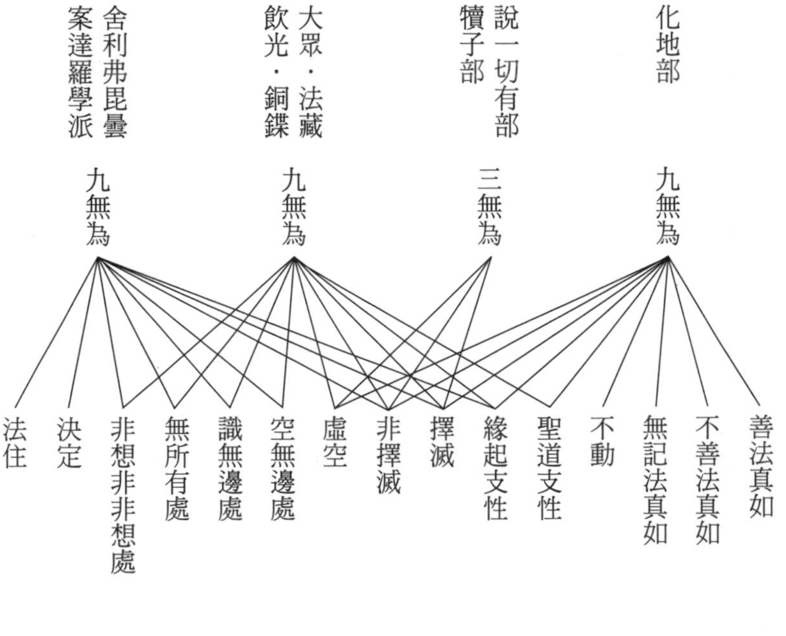

地部條）；法藏、飲光、銅鍱三部，完全接受而全同大眾部；大眾部末計案達羅派，僅未取大眾部的「聖道」及「虛空」，而同舍利弗毘曇，改增「決定」及「法住」。舍利弗毘曇是上座部的，現存者卻與犢子部思想不盡合，倒近於分別說系。無為的本體原只是一，大眾部應實際要求而給了它九個名，它們原來的次第是：擇滅、非擇滅、虛空、空無邊處、識無邊處、無所有處、非想非非想處、緣起支性、聖道支性。大眾部以為：貫通並生起萬法的原理是緣起法；由覺悟緣起法而達到涅槃，並指出涅槃的理想境地；聖道，便是達到這種境地的法則。這就是九無為法的精神所在。

心性論與有情論　所謂心性，即是心的本性、本質，不是日常的分別心及肉團心，對於心的本性，大眾部是主張「心淨說」的，《宗輪論發軔》（明治二十四年，小山憲榮編撰）卷中說：「心性本淨，客塵隨煩惱之所雜染，說為不淨。」有情眾生的主體為心，心的本性本來是淨，由於客觀的煩惱染汙，此心即成不淨而稱為凡夫。對此大眾部的心性本淨說，站在大乘的立場，有相宗及性宗兩種不同的看法，但它是後來真如緣起的先驅思想，可能是屬於眾生皆有佛性論的性宗系統。大眾部另有「心自緣」之說，《異部宗輪論》（《大正藏》四十九．十五頁下）說：

「諸預流者，心心所法，能了自性。」預流者是小乘初果聖人，他們的心及心的所緣之法，能夠了別其自心的本性。這與心淨說是一致。聖首返於心的本淨，所以心能自緣其自己的本性，這也與後來大乘菩薩心的作用一致。大眾部又有「隨眠」與「種子」說，它將隨眠與「纏」分開，以隨眠是煩惱的種子，纏是現行的煩惱；種子是潛伏著的因素，現行是發生了的事實。這一種子思想，也與後來大乘的唯識有淵源。

對於有部來說，則與大眾部相反，認為心性本來不淨，認為心不能自緣，認為隨眠就是煩惱。同時，《成唯識論》卷三（《大正藏》三十一．十五頁上）中說到：「大眾部阿笈摩（阿含）中，密意說此名根本識，是眼識等所依止故。」這個為眼等六識所依止的「根本識」，與犢子部的「非即非離蘊我」的「補特迦羅」類似。化地部承此而立「窮生死蘊」。正量部的「果報識」，經量部的「細意識」或「一味蘊」，作用大同，為業之所依而流轉生死。到了大乘佛教，便成了阿賴耶識的思想。大乘阿賴耶識，實由部派佛教而出，大眾部的根本識，則早已在原始聖典中胚胎於第六意識的功能。

有部看有情眾生，是基於無常、無我的原則，以有情為五蘊的假合，乃是一種機械的實在論。對於有情生死的觀察，則唱生有、本有、死有、中有的四有說。「中有」是死後至投生期的靈體，是一種微細的物質（色法），但這中有的觀念，卻不為分別說系的上座部所接受。

有情是無我的，但因各各的業力而有輪迴生死，因此，有部特別重視「業」說的分析。業在《阿含》經典，是一種「意志」，如說「業是思」。到了有部，則將業分為二：1.思業，2.思已業。前者為意業，後者為身、語二業。又將身、語二業各分為二：1.表業，2.無表業。身表業的「體」是「形色」，語表業的「體」是「聲言」；無表業是業的餘勢，是留存於行為者心上的一種習慣性或影響力，因此意業即不另立無表業。由業分為二業，配合三業，再分為五業，如下表：

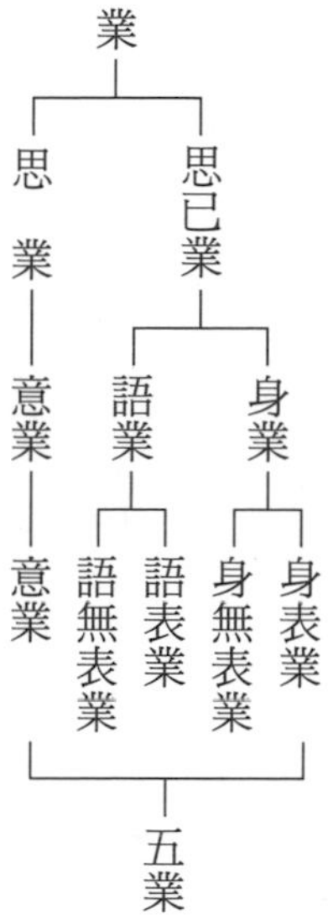

可見有部特別重視外表的業的分析。由表業而形成無表業，由無表業的相續，即招致將來的苦樂果報。但其立無表業的目的，是補助表業（色法）的不負行為責任；至於吾人心中所想而不表現於身、語的行為，不論思想何事，對吾人之心性亦無重大影響。像這種偏重於外表業而偏輕於思想業的觀念，則與原始佛教「業是思」的觀點不合，更無法接通大乘佛教的菩薩以意業為重的思想了。

修道論與果位論　佛教的唯一最高目的，是在求得眾生的解脫；要求解脫的方法，便是修道；修道的重心是戒、定、慧；以戒、定、慧三無漏學而包攝一切善法。戒、定、慧三學相互為用，乃為各派一致的見解。唯其大眾部重於慧，乃有「慧為加行」之說；分別說系重於戒律；說一切有部重於禪定，乃有「依空，無願，二三摩地，俱容得入，正性離生思惟」之言。依修定為解脫道的根本法，乃是印度內、外道的保守派的本色。定有漸次，所以有部及犢子系對證入見道位的修行法，主張「四聖諦漸現觀」；大眾部及分別說系，則主張「四聖諦一時現觀」。所謂漸現觀，是以十五心或十六心中，次第而入見道位，證得初果預流；所謂一時現觀，是頓入四諦共相的空無我性，也就是觀一切法無常故苦，苦故無我，亦無我所。證入空寂無生之滅諦，即是見道。

所謂以十五心或十六心中次第而入，即是漸次修四諦觀，進八聖道以前的加行位上，便是十五心的次第，十六心即入見道位。（十六心以其名相闡釋較繁，請自參閱丁福保《佛學大辭典》一一三三—一一三四頁，在此從略）

在小乘聖果，分有學及無學兩類，自初果至三果為有學人，四果為無學人。四果又分為八輩：初果向、初果，二果向、二果，三果向、三果，四果向、四果，合稱為四雙八輩。第十六心位是見道位，自預流初果位至阿羅漢四果向位，均屬修道位，四果阿羅漢，即是無學道位，如云：「我生已盡，梵行已立，所作已辦，不更受有，知如真。」這就是證入寂滅的涅槃境了。

對於羅漢的看法，大眾部有大天五事說，與有部爭持不已，已見第四章了。另有大眾部主張三果之前有退，四果無退；有部則主張初果必不退，後三果容有退。大眾部以為「諸豫流者，造一切惡，唯除無間」。（無間為五種大惡業：殺父、殺母、殺阿羅漢、破和合僧、出佛身血）有部則以為一旦證得初果，即不再造惡業。如照《雜阿含經》卷三十九及四十七的記載看，羅漢有退是正確的見解，因有三位羅漢在退失而復得之後，恐怕如果退了而尚未再得之時便命終死去，所以即在羅漢果位上自殺而入了涅槃，佛陀倒是贊成他們的。四果既有退，大眾部的預流者造一切惡，並否定有部所說的初果「忍不墮惡趣」，當然也有道理；這與有部認為「有阿羅漢，猶受故業」，也是一致。因此，兩部思想，不妨綜合。

大眾部的果位論有三種，即是阿羅漢、菩薩、佛陀，並以佛陀為最後的目的。有部則以羅漢為目的，主張「佛與二乘，解脫無異，三乘聖道，各有差別」。菩薩是佛的因行，即是尚未成佛的佛。大眾部主張菩薩是超人間性的：「一切菩薩，入母胎中，皆不執受羯剌藍……（胎質）為自體……一切菩薩不起欲想、恚想、害想；菩薩為欲饒益有情，願生惡趣，隨意能往。」一切有部卻說：「應言菩薩，猶是異生，諸結未斷。」這是人間性的看法。

至於佛陀，大眾部也是從高調理想上立論：「佛以一音，說一切法。世尊所說，無不如義。如來色身，實無邊際，如來威力，亦無邊際，諸佛壽量，亦無邊際。」「諸佛世尊，盡智、無生智，恆常隨轉，乃至般涅槃。」大眾部以佛的肉身是無漏，故無邊際，「常在定故」；並且全知全能；「一剎那心，了一切法」；答問不假思惟；佛語無一句不是轉法輪。大眾部的此等思想，是淵源於早期的聖典，即因緣、本生、譬喻等，尤以本生為甚。但在有部方面，仍從人間性的佛陀來立論：「非如來語，皆為轉法輪。」「非佛一音，能說一切法。」「世尊亦有不如義言；佛所說經，非皆了義，佛自說有不了義經。」並且以佛身為有漏，仍能使眾生生起漏法；佛一念智不能遍知；威力亦有邊際。

以上引號所用的字句，多採自《異部宗輪論》，讀者可以參閱。實則，此二部異見，亦不妨調和。人間的聖者乃至佛陀，當以不違人間的尺度來敘說他們；至於不可思議的超人間性的境界，當以宗教經驗的神通觀念來接受他們。總之，大眾部的思想，每每都在接通原始佛教與大乘佛教之間的消息；上座部中的大乘思想，多少也是受了大眾部的影響而來。

第二節　阿毘達磨的發達

阿毘達磨的名稱　若想介紹小乘佛教，主要的內容，是在阿毘達磨（Abhidharma），甚至日人木村泰賢說：「沒有大略學過阿毘達磨，不能理解佛教為何事，此言絕不為過。」（木村泰賢《小乘佛教思想論》二十九頁總敘第五節）他又說：「使佛教成為盛大學問者，我想不論何人，都得承認是阿毘達磨的力量。」（同上引書第四節二十七頁）

阿毘達磨被譯為對法、向法、無比法和大法等異名；音譯又有阿毘曇，簡稱為毘曇等名。它是無漏淨慧，以及得此淨慧資糧的有漏諸慧的總稱，也就是通常所謂的論典。阿毘達磨，又被稱為優波提舍（Upadeśa），或音譯為優婆提舍和鄔波第鑠；義譯為說義、廣演、章句等，而以「論議」之名為一般所通用。優波提舍是十二分教之一，例如《中阿含經．根本分別品》等，即屬此類。它的內容，或為釋尊以義解釋佛陀自己所說的教法（可知論藏也有佛陀親說的成分）；或由佛陀標出綱要而使大弟子們，為之作釋的；或有佛世諸弟子間互相論議而加以組織的。大迦旃延及舍利弗，對此用力特多。

但是，依經立論，解釋難句，闡明教意，貫通血脈，扶發宗要者，又稱為磨呾理迦（梵 Mātṛkā，巴 Mātikā），或音譯為磨窒里迦、磨呾履迦、磨得勒迦、目得迦、磨夷等名，義譯則有母、本母、智母、行母等名，此乃從 Mātṛ（母）之語根而來。

優波提舍的性質，並未確定，據《大毘婆沙論》說，那是屬於論義；《大智度論》的看法，側重在解義；《瑜伽師地論》又將之做為一切論書的通稱。

至於磨呾理迦，從古典說，有兩類性質：1. 是屬毘奈耶（律）的，如《毘尼母經》，以及《十誦律》的〈毘尼誦〉等，乃是僧伽規制的綱目。2.屬於達磨（法）的，如四念處、八正道等有關聖道修持的項目。後來逐漸嬗變，又出現了三類新型的磨呾理迦：1.銅鍱部的磨呾理迦，分為論母及經母。論母是三性及三受等一百二十二門，經母是明分法及無明分法等四十二門。2.經部不信阿毘達磨是佛說，而別說磨呾理迦；一切契經是佛說的，為了抉擇明了佛法的宗要，所以又說契經的磨呾理迦。3.磨呾理迦在大乘瑜伽學者如世親菩薩等，即是先標舉論旨又予以解釋的論書。此如世親的《無量壽經優波提舍》、《轉法輪經優波提舍》、《妙法蓮華經優波提舍》，以及無著的《金剛般若經論》等，均屬這種體裁。

再說阿毘達磨，起初只是用作稱讚佛的經法的泛稱，故在大眾部的《摩訶僧祇律》，一再說到：「九部修多羅，是名阿毘曇」（卷十四，《大正藏》二十二．三四〇頁下），「阿毘曇者，九部經」（卷三十四，《大正藏》二十二．五〇一頁下），「阿毘曇者，九部修多羅」（卷三十九，《大正藏》二十二．五三六頁中）。但是，由於不斷地發達，阿毘達磨的涵義，就複雜起來，論師們對於「阿毘」的意義，也做了種種解釋，其中如銅鍱部的覺音（Buddhaghoṣa）的《善見律》卷一（《大正藏》二十四．六七六頁中）所舉，他以五義解釋「阿毘」：1.

意，是增上義；2.識，是特性義；3.讚歎，是尊敬義；4.斷截，是區別義；5.長，是超勝義。其他尚有《大毘婆沙論》舉出八種涵義；世友（Vasumitra）說有六義，尊者（Pārśva）說有四義。（參考印順法師的《說一切有部為主的論書與論師之研究》三十七頁）歸納各家所說，阿毘達磨的要意是：1.明了分別，2.覿面相呈。也就是說：佛學中的修證方法和修證次第等，傳承下來，成為名和句的分別，即是論書，學佛的人依著它去分別了解，並經過聞、思、修的工夫，進入實證境界——從證出教，再由教趣證，便包括了阿毘達磨的一切。

兩大部系的論書　阿毘達磨的發達而今世傳流的，是屬上座部系，尤其是南傳分別說系的銅鍱部及北傳罽賓的說一切有部最發達。其他部派的，則雖有而不多，特別是大眾部的論書，過去尚未在漢譯的釋藏中見到，有也僅得一部釋經的《分別功德論》。

但是，大眾部不是沒有論書，例如法顯留印期間，在巴連弗邑（pāṭaliputra）的大乘寺，得到了《摩訶僧祇阿毘曇》；玄奘留印期間，在南印度的馱那羯磔迦國（Dhanakaṭaka），學習大眾部的根本阿毘達磨數月之久，並且在帶回中國的梵本中，也有大眾部的論書，只是沒有譯出而已。

大眾部的根本論書，據龍樹造的《大智度論》卷二（《大正藏》二十五・七〇頁上）說：「摩訶迦旃延，佛在時，解佛語，作勒（勒，秦言篋藏——此係譯註），乃至今行於南天竺。」《大智度論》卷十八（《大正藏》二十五・一九二頁中）又說：「若人入勒門，論議則無窮。」摩訶迦旃延是佛世的十大弟子中的論議第一，由他造的勒成為大眾部的根本論書，極有可能，因在緬甸相傳大迦旃延造有Peṭakopadesa，但在梵語中的「篋藏」，是Peṭaka，音譯便是勒。

再說上座部的論書。由於部派不同而各有其所推重的論書，大致可分三系：

南方傳於錫蘭的銅鍱部，有七部阿毘達磨。

北方罽賓的說一切有部，也有七部論書。

犢子部也有根本論書，據《大智度論》卷二（《大正藏》二十五・七〇頁上）說：「佛在時，舍利弗解佛語故，作阿毘曇。後犢子道人等讀誦，乃至今，名為《舍利弗阿毘曇》。」由犢子部分出的正量等四部，也以《舍利弗阿毘曇》為根本論書。甚至可以說，在上座部系之中，除了銅鍱部及說一切有部，各有七論之外，其他各部派，均以《舍利弗阿毘曇》為本論。此論有漢譯本，但其已非原始面貌，則可無疑。

現在參考印順法師的《說一切有部為主的論書與論師之研究》（見該書〈序論〉二十一頁），將兩大部系的根本論書及關係，列表如下：

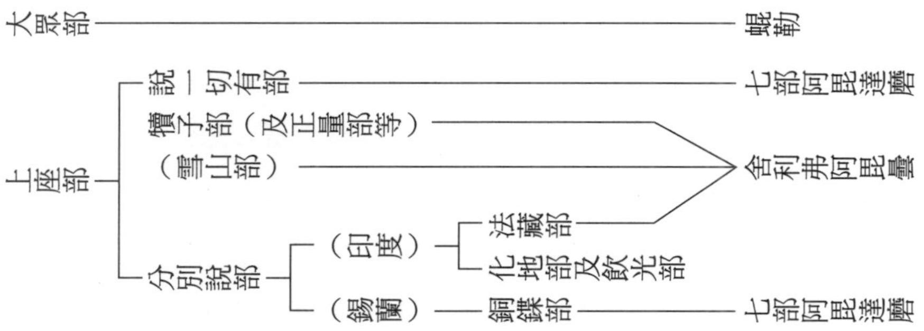

南方七論與北方七論　除了大眾部的《蜫勒》和犢子部系的《舍利弗阿毘曇》，重要的論書研究，是南方的七論和北方的七論。

（一）南方銅鍱部所傳的七論是：

1.《法集論》（*Dhammasaṅgaṇi*，達磨僧伽）。

2.《分別論》（*Vibhaṅgappakaraṇa*，毘崩伽）。

3.《界論》（*Dhātukathā*，陀兜迦他）。

4.《人施設論》（*Paggalapaññatti*，逼伽羅坋那）。

5.《雙論》（*Yamaka*，耶磨迦）。

6.《發趣論》（*Paṭṭhāna-ppakaraṇa*，鉢叉）。

7.《論事》（*Kathāvatthu*，迦他跋偷）。

以上的前六論，據說是佛說的，《論事》一書，相傳是阿育王時代，目犍連子帝須依據佛說而造作的。

（二）北方說一切有部所傳的七論，又和南方的不同：

1.《法蘊足論》：十二卷，玄奘傳為目犍連作；稱友的《俱舍論釋》所傳為舍利弗作。此為六足論中最古的一論，共二十一品，每品釋一經。此論與南傳的《法集論》同名。

2.《集異門足論》：二十卷，玄奘傳以其所釋的《長阿含經》之《集異門經》，為舍利弗所集，即以此論為舍利弗作；稱友以為是拘絺羅作。此論文義明淨，後來大乘《瑜伽師地論》的聞所成地之內明，即由此而演成。

3.《施設足論》：七卷，玄奘傳為迦旃延造；《大智度論》及稱友均以為目犍連造。《大智度論》傳為從《長阿含經》之《樓炭經》（即《起世因本經》，又作《起世經》）出，巴利藏的《長部》沒有《起世經》，疑其為出於阿育王之後的經典。

4.《識身足論》：十六卷，提婆設磨造，以其內容考察其時代背景，當為佛滅後三世紀所出。

5.《品類足論》：十八卷，共八品，四品為世友作，四品為迦濕彌羅論師作。世友是佛滅後五世紀時人，可知本論出世很晚了。

6.《界身足論》：三卷，玄奘傳為世友作；稱友《俱舍論釋》謂圓滿造。

7.《發智論》：二十卷，佛滅三世紀時，北印那僕底地方的迦旃延尼子作。或有以為《發智論》為中心的本論，六足論為其輔翼，統稱為六足發智的七論，是一切有部的基礎論典，六分（足）為《發智論》所宗。實則，以時代而論，六足論未必均出於《發智論》之前。唯因《發智論》乃於舊有諸說，加以裁正，故由於《發智論》的出現，有部的思想，即大為進展。

此外漢譯毘曇部中，尚有屬於正量部的《三彌底部論》三卷，《舍利弗阿毘曇》三十卷，傳說《舍利弗阿毘曇》是屬於犢子部或正量部，但據研究，此論在諸上座部論中最有古意，最古的《法蘊足論》，亦取此論而與此論的問分非問分大同，原本的《舍利弗阿毘曇》雖已不存，最早的上座部必有一共尊的《舍利弗阿毘曇》，故在原則上，上座系是屬於舍利弗毘曇系。（見印順法師《印度之佛教》第七章第二節）

阿毘達磨的分期　木村泰賢把阿毘達磨的發達經過，分為四個時期：

（一）契經型態的時期：當時經論未分，論書性質的聖典，也被置於經的名位。從內容看，例如被攝於《長部》（《長阿含經》）的《眾集經》，被攝於《中部》（《中阿含經》）的〈摩訶吠陀羅斯他〉、〈俱拉越陀羅斯他〉等，乃是其最顯著的。

（二）經之解釋的時期：此在擔負經說的定義、分類、分別的工作，在阿毘達磨未出現之前，它擔任了從契經型態過渡到論典獨立階段的職務。例如南方聖典中，被收於《小部》的〈無礙道論〉、〈尼律沙〉（義釋）等是；四《阿含經》以外的《小部》（雜藏），也均可代表此一地位。漢譯六足論中的《法蘊足論》、《集異門足論》，似也近於這時期的性質。

（三）論的獨立時期：離開了經，有了獨立性的論書，以各經為主題，綿密分類，並含有其特有的一種主張，這便是隨各部派而生的阿毘達磨。其年代恐在佛滅後百五十年起；真正發揮其意義的，則在西洋紀元前後，為其頂點。如南方的七論，有部諸論（六足、發智、婆沙）、《舍利弗阿毘曇》，多屬這一期。

（四）綱要論的時期：代表各派的主要論書已告完成，為得其簡要，便出現了綱要書。由有部而出的：有法勝的《阿毘曇心論》，法救（音譯達摩多羅，佛元七世紀人）增補《阿毘曇心論》而出《雜阿毘曇心論》，世親依《雜阿毘曇心論》而作《阿毘達磨俱舍論》。在南方則有覺音作的《清淨道論》（《論事》），阿樓馱作的《阿毘達磨法要論》。

阿毘達磨的三流　據印順法師《印度之佛教》第七章第二節，認為在《法蘊足論》之後，阿毘達磨演為三大流：

（一）迦旃延尼子之流：作《發智論》揚三世實有之宗義，分別論究法之自相，極於微茫。以色、心、心所、心不相應行，辨其攝受、相應、成就，極繁衍之能事。共有八蘊（章）四十四納息（節），次第雜亂而不以組織見長。繼之而起的是世友之繼婆須密的《集論》（全名為《大乘阿毘達磨集論》）而作《品類足論》。

（二）瞿沙（意譯妙音）尊者之流：妙音源於《舍利弗阿毘曇》而作《甘露味毘曇》。《大唐西域記》傳妙音與阿育王同世人。又有吐火羅國的法勝，依《甘露味毘曇》而作《阿毘曇心論》，共十品，以組織見長；《大毘婆沙論》所指的西方尊者及外國諸師，即是此論的學者。古人以《阿毘曇心論》為《大毘婆沙論》的綱要，實則《大毘婆沙論》屬於有部東方的發智論系，《阿毘曇心論》自為有部西方的甘露味毘曇系。《大毘婆沙論》則獨尊《發智論》。

（三）鳩摩羅陀（意譯童受）之流：此為與迦旃延及妙音相先後的人，是犍陀羅地方的經量部譬喻師，作《喻鬘論》，對《發智論》站在批判對抗的立場，主張「無為無體」、「過未無體」、「不相應行無實」、「夢影像化無實」。又有大德及覺天尊者，承其餘緒，加以發揮。

以上的三系均屬有部的分化，唯其第一系自以有部正統為立足，二、三兩系屬經量部，第三系則受大眾系及分別說系的影響而出現。

論爭的統一　根據傳說（見《望月佛教大辭典》九〇三頁下），正因有部思想的分歧，當佛滅四百年頃，迦膩色迦王為求其一致，遂請脇比丘及世友為上首，集合了五百羅漢，在迦濕彌羅進行了第四次的三藏結集。這次的成果，便是集體撰作了一部二百卷的《大毘婆沙論》。此論雖以統一的目的為出發，卻是站在那僕底（北印之東方）《發智論》的立場，對妙音的見解尚有所取捨，對犍陀羅（北印之西方）譬喻師的見解，則完全加以破斥。

因此，《大毘婆沙論》的出現，更加地加深了有部東、西兩系的分化。到了佛滅七世紀頃，遂有妙音系下法勝之《阿毘曇心論》的學者法救（達摩多羅），既不以譬喻師的離叛有宗為然，亦不以《大毘婆沙論》的繁廣瑣碎為然，乃取《大毘婆沙論》的精義，增補法勝的《阿毘曇心論》，作成《雜阿毘曇心論》，溝通了有部東、西兩系的思想，而存有部之真。

此時，大乘思想日漸抬頭，故有室利邏多著《經部毘婆沙》，由於進步之經部思想日盛，便暴露了保守之有部學說的弱點。

世親論師乃依《雜阿毘曇心論》而著了一部三十卷的《阿毘達磨俱舍論》，雖宗本有部，卻取經部的態度來修正有部的弱點。正由於世親的有部觀點帶有開明的經部色彩，致有與他同時代的有部的眾賢論師，著了一部八十卷的《俱舍雹論》（後被世親改為《阿毘達磨順正理論》），又著了一部四十卷的《阿毘達磨顯宗論》，與世親辯難。以上三論均由玄奘三藏譯成漢文，《阿毘達磨俱舍論》則另有陳真諦舊譯的二十二卷本。《阿毘達磨俱舍論》是由小乘至大乘過程中最後的代表作，在佛教史上，它有崇高的地位。它的論主世親，著此論後不久，即迴小向大，成了大乘菩薩，成了唯識學系最偉大的論師。

第三節　《俱舍論》概述

《俱舍》的品目　世親論師是犍陀羅國人，到迦濕彌羅國學《大毘婆沙論》之後，回國即出要義，計六百頌，再送到迦濕彌羅，當時有部的悟入論師，以其有違正統的教義，要他為頌作釋，世親便作了釋論，這便是《阿毘達磨俱舍論》（*Abhidharmakośa-śāstra*，以下略作《俱舍論》）。此論現尚存有梵文論疏，及西藏譯的印度之註疏數種。中國近人演培法師作有《俱舍論頌講記》，可資參考。

《俱舍論》是巧妙地將有部極繁瑣的思想，予以整理、統一、批判、組織而成，其品目如下表。

（一）界　品（二卷）	明諸法之體	總明有漏無漏		諸法	一論
（二）根　品（五卷）	明諸法之用				
（三）世間品（五卷）	果	明有漏	別明有漏無漏		
（四）業　品（六卷）	因				
（五）隨眠品（三卷）	緣				
（六）賢聖品（四卷）	果	明無漏			
（七）智　品（二卷）	因				
（八）定　品（二卷）	緣				
（九）破我品（一卷）	明無我理			破邪	

《俱舍論》的品目記憶法，古來使用有一偈子：

「界二根五世間五，業六隨三賢聖四，

智二定二破我一，是名《俱舍》三十卷。」

《俱舍》的七十五法　《俱舍論》將一切法分為有為法及無為法。凡依因緣造作而有時間的遷流，染淨的差別，即是一切世間的現象，均屬有為法；離有為法的性質，離一切作用的狀態，含有灰身滅智的涅槃義的，屬於無為法。

阿毘達磨多以五蘊、十二處、十八界的三科做為法的分類依準，《俱舍論》

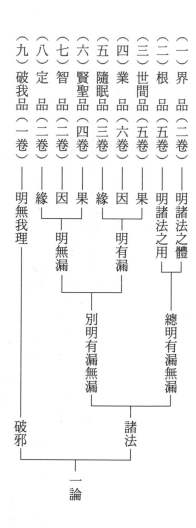

承此而復採用《品類足論》的色法、心法、心所有法、心不相應行法、無為法的五位，做為法的類別。雖然七十五法的確定，是出於後來普光的《俱舍論記》，因為在《俱舍論》中，尚未將心所有法中的不定地法之惡作、睡眠、尋、伺等做數字的確定。七十五法之源出於《俱舍論》，則無可疑。現列其名稱如一五四頁表。

果因緣　《俱舍論》攝一切法為七十五法，但此諸法並非個別的獨立存在，而是存在於相互關連的關係之間，這就是因緣論（參閱木村泰賢《小乘佛教思想論》第二篇第六章），因與緣結合，即成為果，通稱為六因、四緣、五果，其表見一五五頁：

- 有為法(72)
  - （一）色法(11)——五根、五境、無表色
  - （二）心法(1)——心
  - （三）心所有法(46)
    - 1.大地法(10)——受、想、思、觸、欲、慧、念、作意、勝解、三摩地
    - 2.大善地法(10)——信、勤、捨、慚、愧、無貪、無瞋、不害、輕安、不放逸
    - 3.大煩惱地法(6)——無明、放逸、懈怠、不信、惛沉、掉舉
    - 4.大不善地法(2)——無慚、無愧
    - 5.小煩惱地法(10)——忿、覆、慳、嫉、惱、害、恨、諂、誑、憍
    - 6.不定地法(8)——惡作、睡眠、尋、伺、貪、瞋、慢、疑
  - （四）心不相應行法(14)——得、非得、命根、同分、無想定、無想果、滅盡定、生、住、異、滅、名身、句身、文身
- 無為法(3)
  - （五）無為法(3)——虛空、擇滅、非擇滅

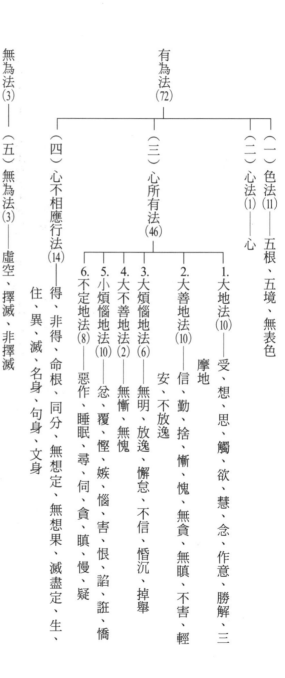

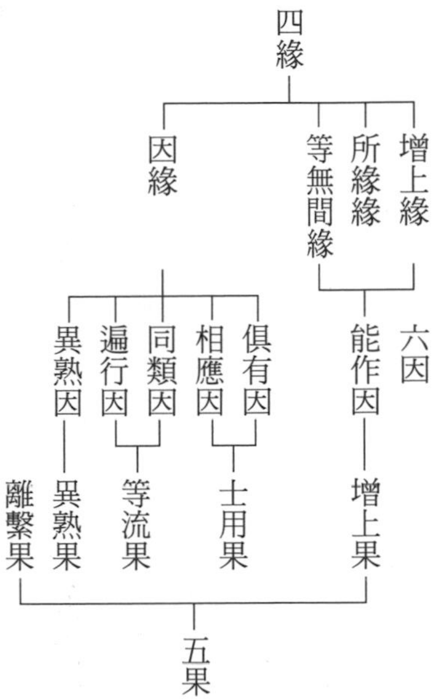

世間法　因果法，含攝了世出世法，但在世出世法之中，仍須加以分類。《俱舍論》的〈世間品〉、〈業品〉、〈隨眠品〉，是分析迷界的果、因、緣。迷界又分為有情世間及器世間。地獄、餓鬼、傍生、人、天，此五等為有情世間，乃為空間中的安立層次；有情的生死流轉，又分為生有、本有、死有、中有的四種狀態，依十二緣起而有三世兩重因果，乃是時間上的安立次第。欲界、色界、無色界，此三界為器世間在空間中的安立層次；又以成、住、壞、空的四劫，支配器世間的生滅循環，乃是器世間在時間上的安立次第。但是，若不出世間，世間法的安立，不

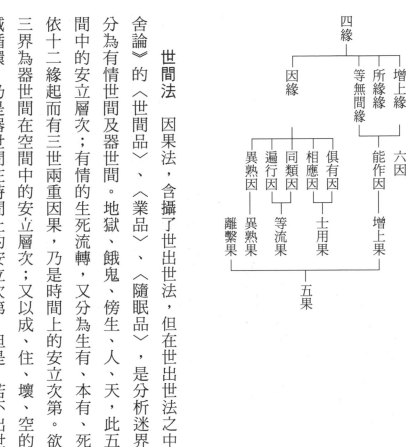

論有情世間或器世間，總是迴還不已、無始無終、因果相續、因緣生滅。

眾生之不脫生死，是由造業而得的果報，本論的〈業品〉，即在對於業說的剖析。業分思業及思已業，意業為思業，身、語二業為思已業。又將身、語二業各各分為表業及無表業。

眾生之造業，是由於惑的驅使，本論的〈隨眠品〉，即為疏導惑的問題。隨眠是由業的活動而引生的苦果，它有煩惱的意味。煩惱分有根本的（六種或十種）及枝末的（十九種）。惑又分作迷理的見惑及迷事的修惑，見惑迷於四諦之理，配合三界則為八十八使；修惑即是根本煩惱中的貪、瞋、癡、慢的四種，三界共有十種，欲界四種，上二界除貪之外，各有三種。又有所謂百八煩惱，即是見惑的八十八使，加十種修惑及十纏而成。（各名相請自檢閱法數）

出世間　分析世間法的目的，是在進窺出世間的聖道。《俱舍論》的〈賢聖品〉、〈智品〉、〈定品〉，即是說明悟界的果、因、緣。智有決斷義，分為有漏智及無漏智。生得慧、聞慧、思慧、修慧的四種，稱為有漏智；法智、類智的二種，稱為無漏智。智的功能在斷見惑。至於定，分為生得定及修得定，此兩種定，各有四色界定（四禪）及四無色界定，每一定又分有近分定及根本定。由智及定的功用，可漸次證入賢聖的果位，斷惑證真的階位過程極為繁複，現在只能略述如下：

（一）賢位七階，分作兩類：1.三賢——五停心、別相念住、總相念住。2.四善根——煖善根、頂善根、忍善根（忍善根又可細分為下、中、上的三品）、世第一法。

（二）聖位兩類，分作三道八輩：1.有學位分為見道的預流向，修道的預流果、一來向、一來果、不還向、不還果、阿羅漢向。2.無學位是無學道，即是阿羅漢果。這是有佛之世的聲聞果位。

無佛之世，有能自觀十二因緣而獨悟的聖者，稱為獨覺，梵名辟支迦佛（Pratyekabuddha）。釋尊的前生及至今生之尚未成佛以前，稱為菩薩，菩薩先修六度萬行，經三大阿僧祇劫，再經百劫植相好之業，最後證等正覺（成佛）。

最後的〈破我品〉，闡明佛教的無我之理，以破斥外教及異執的有我之說。

第七章　阿育王以後的王朝及佛教藝術

第一節　王朝的興替

孔雀王朝的沒落　印度的政局，在阿育王的祖父未建孔雀王朝以前，國內不能統一，異族也由西北不斷地入侵；孔雀王朝興起，驅走了由亞歷山大所留下的希臘勢力，至阿育王時，印度始出現大一統的局面。可是，阿育王信佛過盛，佛教因阿育王而大興，阿育王的崇佛，做廣大布施，動輒以百萬計，建佛舍利塔八萬四千座，修精舍，厚供僧，乃至使外道因貪利養之豐而入王建的雞園寺僧伽，破壞僧伽的和合，不能和合誦戒者達七年之久。阿育王對於佛教乃至三以閻浮（國土）施。

因此，引起三種後果：1.佛教因生活富裕而僧侶分子複雜墮落；2.國家因連年大做修福的佛事而庫府空虛；3.外道因見國王偏為佛教常做無遮大施而妒嫉憤慨。以致到王之晚年，王儲及大臣，制王僅能取得半個阿摩勒果供僧。但這不是佛所希望的事，釋尊嘗有輒施之勸，及留乳之訓；也就是說，應當量力衡情而做布施。後世佛徒每勸信眾效菩薩精神，盡捨內外所有的一切，用意雖善而違世之常情，殊為可惜！

孔雀王朝三傳而至阿育王，三王皆崇佛教而國力日益強大，至阿育王而達鼎盛。阿育王一死，國勢頓變，固由於嗣君之無能、仇佛。即其子達摩沙陀那王，依耆那教所傳，嘗於五印度建立耆那教寺院；其孫十車王，則為邪命外道造三洞窟精舍；其重孫多車王，不孚眾望，被大將補砂密多羅（Pusyamitra）取得婆羅門國師之助，舉兵權而弒王自立。孔雀王朝歷六王經一百三十七年（西元前三二二——一八五年），至此而亡。佛教不為阿育王的子孫所重，且為所仇，僧徒因之四散而向西南及西北發展。同時，阿育王逝後，達羅維荼族勃興於南印，希臘及波斯人則進窺於西北印，印度又成分裂局面。

中印的法難　補砂密多羅是孔雀王朝多車王時的將領，得婆羅門國師之助而擁兵自立，仍都於孔雀王朝的華氏城，建立熏迦王朝，此王既以婆羅門為國師，故用其言，以孔雀王朝之衰亡，歸咎於崇信無神及無諍的佛教。因此，重行曾為阿育王所嚴禁的馬祀（Aśvamedha），行馬祀之後，西征而得小勝，婆羅門教士便大振厥辭。

於是，藉政治的陰謀，推行廣大的排佛運動。當時佛教所受苦厄的程度，傳記多不詳盡，唯據《阿育王傳》、《舍利弗問經》等而知其大略。《舍利弗問經》說補砂密多羅王，希望能與阿育王同樣的名事不滅，但他自知威德不及先王，先王造八萬四千塔並捨傾國的財物供養三寶而留盛名，他便相反地毀塔滅法，殘害息心（在家出家）的四眾佛子而留盛名。於是，對於比丘、比丘尼、沙彌、沙彌尼，不問少長，集體屠殺，血流成川，並壞寺塔八百餘所，諸清信士，也遭囚繫鞭罰。當時有五百羅漢，登南山而得倖免於劫。

又據《大毘婆沙論》卷一二五（《大正藏》二十七．六五五頁中）之末的記載：「昔有一婆羅門王，名補沙友，憎嫉佛法，焚燒經典，壞窣堵波，破僧伽藍，害苾芻眾，於迦濕彌羅國一邊境中，破五百僧伽藍，況於餘處。」這就是指的補砂密多羅王西征得小勝時，在迦濕彌羅邊境，所做的排佛運動。《舍利弗問經》所指是在中印華氏城的情形，五百羅漢登南山，當是指的部分佛教僧人，離開中印的摩揭陀國，而到南印去了。

可是，摩揭陀的熏迦王朝在滅佛之後，傳到第十主地天王時，僅一百一十二年（西元前一八五—七三年），也由婆羅門大臣婆須提婆，又得婆羅門國師的讚許，而行篡位，別建迦納婆王朝，四傳至善護王時，計四十五年（至西元前二十八年），即為南印案達羅的娑多婆訶王朝（Sātavāhana）所滅。婆羅門教在中印的復興，終無以救摩揭陀王朝（即熏迦王朝）的衰亡！佛教在南印及西北印興，卻又見其國勢的強盛。

中印自此即為南印的案達羅所兼併，南方建立的案達羅王朝，即與北方的貴霜王朝對峙，成了南北朝的形勢。

案達羅王朝　阿育王後，摩揭陀帝國的領土，次第縮小，據於東南印度達羅維荼民族的分支案達羅族，即乘孔雀王朝的衰微而告獨立。在西元前二四〇至二三〇年頃，尸摩迦王（Simuka），興起娑多婆訶王朝，建都於馱那羯礫迦（Dhanakataka）等地，領有德干（Deccan）高原地方。西元前二十八年，兼併了中印的摩揭陀，到了西元後一〇六年頃，喬達彌普特羅．悉達卡爾尼王（Gautamīputra Śātakarṇī），又將領土擴張至西印度，但在此王歿後，中印及西印的地方即告失離，西元二二五（亦云二三六）年頃，此一王朝即告滅亡。

在宗教信仰，案達羅的娑多婆訶王朝，諸王多信奉婆羅門教，其中亦有信仰耆那教及佛教的君王，並加以保護及弘揚，英主悉達卡爾尼王，及其母后，即對賢胄部的僧徒，布施洞窟精舍；又有娑多婆訶王，以黑山峰的洞窟施與龍樹，推定此王即為於西元一七三至二〇一年頃的喬達彌普特羅・耶耆那舍利王（Gautamīputra Yajñaśri）。

在錫蘭方面，有一位木扠伽摩尼王，在阿羅陀補羅，建設精舍、大塔、銅殿等，厚供僧伽。由於諸王的外護，佛教順利發展，佛教未至之前，本來為供尼乾子（耆那教徒）而建的無畏山寺，也轉而供給了大寺的長老摩訶帝須。其後又由諸多王臣的護持，建立的寺塔頗多。錫蘭佛教本屬印度的一支，本書當以另篇介紹，故此處從略。

彌蘭陀王　自亞歷山大入侵印度（西元前三二六年）之後，又有一位著名的希臘人德彌多利奧斯（Demetrios），率大軍再占阿富汗而侵入印度，略信度河口，占有恆河上游各地，建都於舍竭（奢羯羅，Śākala），彌蘭陀王即是德彌多利奧斯的族人。

彌蘭陀王（Milinda），約在西元前一百六十年間即位。他對佛教有淨信，曾就那伽斯那（Nāgasena，譯作龍軍，或音譯那先）比丘問佛法，此事被集為一書，即是巴利文的《彌蘭陀問經》，漢譯的《那先比丘經》，與此大同。

據周祥光《印度通史》八十八頁稱，當西元前一五五年間，喀布爾（Kabul）及旁遮普總督梅娜陀（Menander），率希臘大軍進攻摩揭陀國，於是，摩偷羅、阿踰陀（Ayodhyā）、秣第密伽（Madhyamika）相繼淪陷，至熏迦王朝的華氏城，雙方大戰，希軍敗退。不數年，補砂密多羅稱王行馬祀，凡祭馬所經之邦，若甘作祭祀國的屬邦者，即以軍士加入祭馬的衛隊，否則即發生戰爭。希臘軍隊即因此而與統率祭馬衛隊的補砂密多羅之孫，婆蘇密多羅（Vasumitra）交鋒，卒將希軍擊敗於印度河兩岸之地。

這位梅娜陀，便是彌蘭陀王，簡稱為彌蘭王，他先是印度大夏國駐喀布爾及旁遮普的總督，後繼承印度大夏國的王位。他統治的領土，包括阿富汗斯坦、印度河流域、拉伽普大那（Rajaputana）及東部印度的一部分。他死之後，印度大夏分裂為二，最後一王為項茂斯（Hermanes），於西元前五十年間降於大月氏（塞族，Scythian）的貴霜王朝。

貴霜王朝 繼希臘人之後，來到印度西北的，便是月氏族的入侵。據《漢書．西域傳》載：「大月氏……本居敦煌祁連間，至冒頓單于攻破月氏，而老上單于殺月氏，以其頭為飲器。月氏乃遠去，過大宛，西擊大夏而臣之，都媯水北為王庭。」又說：「有五翎侯，一曰休密翎侯，二曰雙靡翎侯，三曰貴霜翎侯，四曰肹頓翎侯，五曰高附都密翎侯。」

《後漢書．西域傳》條下，又說：「初，月氏為匈奴所滅，遂遷於大夏，分其國為……五部翎侯。後百餘歲，貴霜翎侯邱就卻，攻滅四翎侯，自立為王，國號貴霜，侵安息，取高附地，又滅濮達、罽賓，悉有其國。邱就卻年八十餘死，子閻膏珍代為王，復滅天竺。」

月氏族本為蒙古種人，被匈奴從中國的甘肅山谷間趕到大夏（今之土耳其斯坦的布哈爾州），此時大夏為希臘人的殖民地，由亞歷山大的部將建立小國。邱就卻打敗了希臘人，而建立貴霜王朝。希臘人敗退南下，進入西北印的迦濕彌羅（今之喀什米爾，即由此來），月氏人緊隨希臘人之後，也進入印度，到了閻膏珍的兒子迦膩色迦王（據 V. A. Smith 說，王在西元後一二〇年即位）時，便成了印度中部以北的共主。迦膩色迦王的即位年代尚無確定，若根據他所鑄銀幣考察，大概西元七十八年至一二三年，乃為其在位時期。（見周祥光《印度通史》一〇〇頁）

在印度佛教史上，迦膩色迦王的地位，與阿育王同被稱為佛教王。文治武功，雄才大略，先後堪相輝映。建都於布路沙布邏（Puruṣa-pura，今之阿富汗與巴基斯坦交界處的白夏瓦），東到閻牟那河流域，南自頻闍耶（Vindhya）山脈到印度河口，西與安息（今伊朗及阿富汗之一部）接壤，東北則達亘蔥嶺之東。儼然是一大帝國。

據查耶斯華氏（K. P. Jayaswal）說，貴霜王朝的三十三王之中，僅前之十八王統領至中印度，中期以後，在迦摩普地方（Campā），有那伽斯那王朝（Nāgasena，西元一五〇—三四八年）；在喬德地方（Gauḍā），有喬德王朝（西元？—三二〇年），後來有普拉白維斯奴王（Prabhaviṣṇu）出而將二朝合併。到了沙姆陀羅笈多王（Samudra-gupta），創立笈多王朝，印度又歸統一，笈多王朝的基礎，則為其父旃陀羅笈多一世（Candragupta I）所奠立，那是西元三二〇年間，是由世襲的土王之名而改為君王的。

南方的案達羅王朝，亡於西元二三六年間，北方的貴霜王朝，亡於西元三二〇年間。接著便是笈多王朝的代興。

第二節　迦膩色迦王與佛教

三百年間的佛教　從阿育王到迦膩色迦王之間，約有三百多年的印度史，不論宗教或政治，幾乎是一片空白而不得其詳，近代以來，由於古代遺物的發掘、考察，以及利用各種間接而模糊的資料對比、審查，總算已得其大略。在此期的佛教，據呂澂依荻原雲來《印度之佛教》編的《印度佛教史略》本篇下第一章第七節第二段所述，大致有如下的五個區域：

最盛於南方的錫蘭。

次盛於印度西南的摩臘婆（Mālava）。

又次為西北的信度。

再次為北方的迦濕彌羅、犍陀羅。

印度東北為耆那教的勢力範圍。

我們知道，中印度先為婆羅門教的復興地，自案達羅王朝滅了摩揭陀王朝之後，南方大眾部佛教思想也到了中印，乃至隨著案達羅王朝的西進而使西方的有部佛教，接受了大眾部的感染，有部西方師經量部的出現，自非偶然。上座部有一部分學者之在東南印的，因中印法難而南避，接觸了大眾部的思想，形成了分別部的再進步。例如以波吒釐子城為中心的化地部及法藏部，法藏（即曇無德部）之有密教色彩，即是受了案達羅文化的影響，故與阿育王時的分別部不同，也即與先此分傳到錫蘭去的分別上座部不同。

在這階段，婆羅門教初期的根基地西印及北印，已為佛教的勢力所取代，在阿育王時盛行佛教的中印，反為婆羅門教所占領；婆羅門又向南而成了案達羅族的信仰，並且由案達羅文化的混合而產生了濕婆派的新婆羅門教。又由於案達羅王朝之到中印，佛教便在中印再興。

南方錫蘭的，當以另篇介紹。案達羅方面的，所知很少；唯有北方的有部一系，所留典籍最多，故僅就此介紹。

迦膩色迦王其人其事　迦膩色迦王的名字，見於佛教的記載，西藏及蒙古，亦有所傳。西元一九〇九年，斯邦內博士（Dr. David Brainard Spooner）在西北印掘得一舍利函，函蓋上即刻有迦膩色迦的名，此可證實古代印度確有其人，並在函之表面刻有「納受說一切有部眾」的字樣，可見他是有部佛教的護法之王。

唯據迦膩色迦王時所鑄的錢幣圖文之考察，王之信佛當是晚年的事，他早期發行的錢幣，形式最美，以希臘語題字，並刻日月神像；其次發行的，以希臘文題古代波斯語，所刻亦為希臘、波斯、印度所尊的神像，但未見有釋迦之像。

迦濕彌羅及犍陀羅的佛教，是始於阿育王時末闡提等之來化，因其環境特殊而漸自成一系，其特質是富於論典的撰述及對禪定的重視，故後來的論師、禪師，也十九是出於這一系的學者。

論師多了，便不能無諍，所以，迦膩色迦王對佛教的最大功德，即是促成第四次的結集。第四次結集有三種傳說：

（一）玄奘《大唐西域記》卷三（《大正藏》五十一．八八六頁中—八八七頁上）載：王因以道問人而解答各異，問了脇尊者，尊者即答：「如來去世，歲月逾邈，弟子部執，師資異論，各據聞見，共為矛盾。」王甚痛惜，乃發心宣令，召集聖哲，結集三藏。共五百賢聖，以世友菩薩為上首，次第造論、釋經、釋律各十萬頌，計三十萬頌九百六十萬言，備釋三藏。

（二）《婆藪槃豆法師傳》（《大正藏》五十．一八九頁上）中說：佛滅後五百年中，有迦旃延子羅漢，於薩婆多部出家，與五百羅漢及五百菩薩，共撰集薩婆多部阿毘達磨。

（三）西藏所傳：迦膩色迦王於迦濕彌羅國的耳林精舍，集五百羅漢、五百菩薩、五百在家學者，使結集佛語。自此以後，十八部異說，悉認為真佛教，又記錄律文；其經論有未記載的，今亦記錄。

以上三說，《大唐西域記》僅以世友一人稱菩薩，《婆藪槃豆法師傳》加上五百菩薩，西藏的又加上五百在家學者，並將此次結集形容成為通含一切的佛教，實則僅是一切有部的結集。因而，三說之中，當以《大唐西域記》較為可信。同時，此次結集的成果，是二百卷的《大毘婆沙論》，可是現存的該論之中，卻有「昔健馱羅國迦膩色迦王時」的字樣，推想其內容業已經過後人的增補了。

王與馬鳴　中國及西藏所傳，均說馬鳴菩薩（Aśvaghoṣa）與迦膩色迦王有關。據傳說，王進攻摩揭陀國，該國不敵即獻佛缽及馬鳴菩薩以求和。又據《大莊嚴經論》馬鳴所作的〈皈敬序〉，有「富那脇比丘」、「我等皆敬順」之句，可知馬鳴為迦膩色迦王時脇尊者的弟子了，傳說王亦師事脇尊者。至於《婆藪槃豆法師傳》（《大正藏》五十．一八九頁上）說：「馬鳴隨即著文，經十二年，造《毘婆沙》方竟，凡百萬偈。」此將馬鳴說成為《大毘婆沙論》的著作者了。實則，馬鳴生於此時，且其又是一代大文豪，為《大毘婆沙論》潤色或有之，但他不是婆沙師，因他在《大莊嚴經論．皈敬序》中，對於富那、脇比丘、彌織（化地部）、薩婆室婆（說一切有部）、牛王正道者（或即雞胤部）等諸論師，他均一律「敬順」的。

不論如何，迦膩色迦王建國於中國與印度的通路之間，晚年護持佛教，而使佛教得傳於各民族之間。佛教來華初期，即由西域經陸路而至，宜乎王的功德，可與阿育王齊名了。

北印的法難 物極必反，似乎是世間法的鐵律。據迦濕彌羅的史書 *Rājataraṁginī* 所載，貴霜王朝在迦膩色迦王以前的二王，亦保護佛教，建築僧院及支提頗多，至迦膩色迦為迦濕彌羅之王的時代，佛教的勢力大振，並壓迫婆羅門教對於濕婆的信仰，致受到土邦龍族（Nāga）的反對，大肆殺害佛教徒，王亦曾為此一騷擾而躲避。當時又有甘陀羅提婆婆羅門（Candradeva）出而鎮壓佛教。到旃那陀王（Gonanda）三世，始停止對佛教徒的彈壓。

《大唐西域記》卷三（《大正藏》五十一．八八七頁上），也說：迦膩色迦王既死之後，訖利多種，復自稱王，斥逐僧徒，毀壞佛法。後來由覩貨羅國釋迦種的呬摩呾羅殺了訖利多王，佛教遂得復興。

由此兩書大略一致的記載，可信迦王之後，確有婆羅門的土王毀佛之事。

法難後的影響　據印順法師說，在中印法難之後，佛教即引起了三種可慨的結果（印順法師《印度之佛教》第九章第二節）：

（一）急於外延而成分失其純真：因感於教難，乃本著世界宗教的見地，不先崇內、固本、清源，而日務外延，以隨方應化，雖釋尊所深斥者，亦不惜資借為方便。此固適應了環境，屢經教難而不滅者，以此之力，但已失去佛法的純真。

（二）法滅的流言造成了頹廢心理：正法住千年，為經律所舊傳，乃是遙指千年以形容聖教住世的長時，不因人去而法滅，乃是釋尊制戒攝僧的功能。但自教難勃興，古人即興起「千年法滅」之悲感，此與佛說，實是言同而心異。此一觀念一生起，佛教的雄健之風，便蕩然無存。哀莫大於心死，此真是個寫照。

（三）由佛子自力住持轉而外求王臣護法：佛弟子本來自視很高，無需政治力的幫助，也不忍受政治力的拘束。然在法難之後，即感自力維護的不足，乃將佛法轉而付囑王公大臣，且以僧團的清淨、佛法的流布，均盼由外力之助成。聖典中原有天、龍護持的記載，此乃以自力而感致的外力，是來助而非去求助。但在教難之後，外力護法的思想日盛，乃出之於卑顏求助了！

印順法師的這三點看法，確非出於假設，我們若能留心於後出的聖典內容，即可明白。

第三節　印度的佛教藝術

宗教與藝術的關係　所謂藝術，它的範圍和定義，可以言人人殊；但在普通的觀念，藝術是指的：建築、雕刻、圖畫、音樂，和各種文學作品。

現代人往往把科學、宗教、藝術，分別地加以界說，認為：科學在於求真，宗教在於求善，藝術在於求美。事實上，未必真有如此的界限可求。

因此，在藝術的立足點上，又可分有科學的藝術、宗教的藝術、藝術的藝術。

儘管近代人中有的是為了藝術而創造藝術的觀念；但是，追尋古代人類的遺跡，凡是偉大的藝術品，很少是脫離了宗教的信仰而獨立存在的。

就建築而言，在希臘、在埃及，最偉大的古代建築物，乃是宗教的神殿，以及基於宗教信仰而來的金字塔；即在我們中國古代，最大的建築物，稱為「明堂」，《禮記》中載有一篇〈明堂位〉的文字；明堂是什麼，便是古代帝王拜天、祭祖、行政及推行教育的所在。

再說雕刻，現存古代的雕刻，大多是屬於宗教性的神像，縱然有人像，也是於宗教的信念而產生，例如《史記．周本紀》所載：「武王……文王木主，載以車。」便是說，武王伐紂之時，用車子載著文王的木雕像，以代表文王，此到後來，便成了圖畫先人的遺像，以及供奉祖先的牌位。

至於音樂，在古代，用在宗教上的，遠較用在娛樂上的為多，唱頌讚神的詩歌，無不伴之於音樂，有音樂又會出現舞蹈。我們知道，印度的《吠陀》，原先，都是用來讚美神明的詩。再從古代壁畫的遺跡之中，發現許多神話人物的舞蹈姿態，優美異常。直到現代，尚有一些落後地區的土人，用歌唱及跳舞來祭神和謝神。

所以，在古代的人類社會中，藝術的創作，大抵是基於宗教的信仰而出現。

當然，從性質上說，宗教和藝術，並不相同，因為宗教是在信仰，藝術則在表現，信仰了宗教之後，永遠得到安全感的依賴；藝術則唯有在表現的當時或在欣賞的當時，獲得美的安慰感。

因此，虔誠到了相當程度的宗教徒，他可以不需藝術的生活，也能保有一顆平靜安樂的心；一般的人則須仰仗藝術方法做為媒介，而進入宗教的信仰。所以宗教不一定要有藝術，只是有了藝術的表現，更能引導人群進入宗教。這從佛教的思想而言，正好說明了這樣的事實。

佛教的本質對藝術的迎拒　（一）原始佛教重修持、重解脫，未暇及於藝術：我們略具佛學知識的人，都知道做為一個比丘或比丘尼，他是不可以從事藝術工作的。

因為從緣生法所產生的一切現象，無一非假，既是假有和暫有的光影中事，就不必去重視它，同時應該設法去解脫對於這些光影中事的占有欲和貪戀心。一個修道的人，若不超脫這些光影中事的束縛，他就得不到修道的實益了。所以，原始佛教的教義，無非是教我們速離生死業，急求解脫法。這是宗教信仰至相當境界之時的必然現象。特別是佛教，由佛陀的悲智之中，流露出來的因緣觀，在在促使我們覺察我們所生存的空間和時間，乃由五蘊假合的身心而暫時存在，畢竟終歸於消滅，所以不要被外在的物質，色與聲所迷惑。藝術的表現，卻又必須仰賴於色與聲的媒介。

總之，在佛陀時代的人間教化之中，佛陀固然未嘗反對藝術，而藝術對於佛陀的教化工作，並不是很積極的被重視。因為，人生幾何，壽命無常，旦不保夕，求出生死苦海，急於燃眉，哪裡還有閒暇從事於藝術的工作呢？故在原始聖典中，以及印度古代佛跡遺址的發掘中，在佛陀入滅之後二百多年的阿育王時代，始有佛教藝術品的出現。這是由於距離佛陀的時代愈久，信仰者對於佛陀的聖格愈難想像和捉摸，同時也受了其他宗教及文化的影響，才漸漸地產生了以聲色為表達工具的佛教藝術，故最初這些藝術品的創作，並非為了欣賞，而是為了藉以做為信仰的象徵。

（二）由小乘佛教至大乘佛教的藝術觀：在此，先要說明，在佛的時代，並無大、小乘之分，只是一味的佛法，由於弟子們的根器不同，對於佛法理解，才有不同的程度。從對象而言，佛陀對出家弟子所說的法，是著重於離世出世的，對在家弟子所說的法，是側重於和世樂群的，而其目標則同為解脫的涅槃境。因為佛陀的常隨弟子多是出家人，佛滅後初次結集（編集）佛經的，也全是出家人，故從原始聖典中，雖可得到大乘思想的消息，原則上毋寧是偏重於小乘的。

但是，所謂小乘佛教，並非出現於佛世，而是在佛陀入滅之後，出家僧團由於地域分布的不同影響，對佛的教法，產生了各各不同的異解，分張出許多的部派，小乘佛教，便是部派佛教。最先分為老比丘派的上座部與青年比丘派的大眾部，後來又從上座及大眾兩派之下，各自分出了許多部派，據《異部宗輪論》的介紹，共有二十個部派，所謂部派，相當於中國佛教的宗派，或希臘哲學的學派。

在此許多部派的小乘佛教之中，以南印度的大眾部各派及流傳在西北印度的上座部下的一切有部，思想較為進步，故當著重於在家生活之教化的佛法再度復興之後，便是大乘佛教。南印的大眾部，即由小乘而漸漸地融入大乘。西北印的一切有部，也由小乘僧團之中，產生了許多大乘的宗師。（此請參閱第八章）

我們知道，大乘佛教既然側重於和世樂群，大乘的精神，便是自度度人的菩薩行，菩薩行與世俗法，在表現上並無差別，只是在存心上有所不同。菩薩行是入俗而化俗，世俗法則是流俗而同於俗。所以，大乘的菩薩道，乃是外現世俗行，而內修解脫道的偉大法門。

既然入俗化俗，便有四攝法中「同事攝」的要求，先去隨順眾生的欲樂，再來導歸佛陀的正道。這樣一來，佛教藝術，也就很有需要了。故從進步的小乘部派所傳下的佛教聖典之中，我們就見到了繪畫及雕刻的記載。

在《根本說一切有部毘奈耶雜事》卷十一（《大正藏》二十四．二五二頁上），雖規定比丘不應作畫，但其若畫死屍或髑髏像者無犯。

在根本說一切有部所傳誦的《毘奈耶》卷三十四（《大正藏》二十三．八一一頁上—中），記載於寺門屋下，畫有壁畫，畫著生死輪迴相、地獄相、人天相、佛像，並以鴿像表貪染，以蛇形表瞋恚，以豬形表愚癡。並在周圍畫有十二緣生生滅相。

《根本說一切有部目得迦》卷八（《大正藏》二十四．四四五頁下），有因為彩色的壁畫陳舊不清時，比丘予以重新再畫的記載。

在上座部的法藏部所傳的《長阿含經》中的《世記經》（《大正藏》一．一一四頁中—一四九頁下），描寫天上、人間、地獄、神道的各種世界，已完全是用藝術手法。法藏部在部派之中是比較晚出的，而且也是比較接近於大乘的，所以法藏部傳誦的戒律《四分律》，中國的律宗初祖道宣律師，也以為是「分通大乘」的。

在大眾部所傳的《增一阿含經》卷二十八（《大正藏》二．七〇六頁上），更有了優填王命巧匠「以牛頭栴檀，作如來形像，高五尺」的記載。

到了大乘聖典之中，佛教藝術的氣氛，當然是更加地濃厚了。縱然如此，在《大般若經》卷三二七〈初分不退轉品〉（《大正藏》六．六七四頁下），仍要說菩薩「於諸世間文章伎藝，雖得善巧，而不愛著」，因其皆為「雜穢語」、「邪命所攝」。

在此，我們必須指出，佛教藝術品的創作，固然是由於接引眾生以及表達信仰的熱忱，同時也有外在的因素，因為南印度的土著民族，有其獨特的文化和獨特的信仰，他們由庶物崇拜而發展成為神明的偶像崇拜，佛教為了化導當地的土民，故也採用了他們所習慣的方式，將土民的神明，攝為佛教的護法神。所以，佛教最初有的偶像，倒不是佛菩薩像，而是護法的神像及天人像。

在西北印度，由於希臘政治勢力的南侵，帶來了希臘的文化。我們都知道，亞歷山大雖是馬其頓人，但他於西元前三二六年侵入印度的目的，便是將希臘的文明，加惠印度。到了西元前一百六十年代，又有一位希臘將軍，侵入印度，占有了恆河上游各地，那就是《那先比丘經》中所記的彌蘭陀王。我們又知道，近代西洋文化的啟蒙，是淵源於希臘文藝的再興；同樣地，在印度的北方，也是受了希臘文藝的激揚。最具代表性的，便是犍陀羅地方所留下的佛像的雕刻藝術。

關於印度的佛像　（一）原始佛教是否已有佛像？這是一個值得重視的問題。至少，佛陀並不主張弟子們僅對他做形式上的崇拜，時時教誡弟子們，要以聖道的實踐，來表示對於佛陀的親近。否則自己不修聖道，縱然天天見到佛陀，也無多大意義。同時，從近代考古學的發掘之中，在印度尚未發現有關阿育王以前的佛像或表示佛教藝術的遺物。

但是，在部派佛教所傳的經律中，確有佛陀時代即有佛像出現的記載，現在試舉數例如下：

1.《增一阿含經》卷二十八（《大正藏》二．七〇六頁上），記載因佛陀去忉利天為母說法，人間四眾弟子們，久久不見佛陀，非常渴念，尤其是優填王想念最切，如果再不見到佛陀，他就會因此而死，所以接受了群臣的建議，由巧匠用栴檀香木雕了一尊五尺高的佛像。當波斯匿王知道這個辦法之後，也請巧匠，用純粹的紫磨金，造了一尊五尺高的佛像。

2.《根本說一切有部毘奈耶》卷二十八（《大正藏》二十三．七八二頁中），記述因為佛陀坐於眾中之時，弟子們都能威儀整肅，佛陀不在座時，弟子們便無威德，所以給孤獨長者便請示佛陀，准許造像以代表佛陀，供於眾中，佛陀的回答是：「隨意當作，置於眾首。」

3.同在《根本說一切有部毘奈耶》卷四十五（《大正藏》二十三．八七四頁上）又載，摩揭陀國的影勝王，欲畫一佛像，送給遠地勝音城的仙道王，經向佛陀請示，佛說：「大王，善哉妙意，可畫一鋪佛像，送與彼王。」並且還規定了畫像的格式。

由此可證，《增一阿含經》及《根本說一切有部毘奈耶》，雖屬於部派佛教的聖典，我們也不可以說，佛教是不主張禮供佛像的。佛在世時，利用身教及言教，佛滅度後，便以像教為信仰的中心了。凡是有形像的佛教事物之能產生化世導俗的功用者，無一不是像教的範圍。

（二）佛像的出現：若據近代的考古發掘而言，印度最初的佛像，是南印薩特那地方的立像，乃是阿育王即位之後一百五十年（西元前一百年）頃的作品。在阿育王時代，雖已有了佛塔、石柱、石刻的遺留，卻尚未見有佛像的雕刻。薩特那立像，雖屬於佛教的藝術，但卻仍是取的夜叉的形像，而此夜叉，即為南印土民達羅維荼人的民族神，後歸佛化而成為佛教的護法神。

佛教，原來唯重人格精神的內在建設，不重形式的崇拜，所以原始的佛教，沒有任何祭祀的儀式，故也用不著偶像的崇拜。此到我們中國的禪宗，尚能看到這樣的消息，例如丹霞禪師把佛像劈了烤火取暖，後來有的禪堂之中也不供任何佛像。

因為佛在你我的心中，不在心外。此與專門誹謗佛教為拜偶像、拜木頭的基督徒比較，實在無法比喻，他們不拜偶像，卻以十字架代表偶像來下跪祈禱。

由上可知，佛教徒本不設立偶像，到了後來，佛法的化區漸廣，接觸到的異民族日眾，例如南印的達羅維荼民族，侵入西北印的希臘人和月氏人，均各有其所崇拜的神像。當他們接受了佛教的信仰之時，便有了崇拜佛像的要求。因此，在早期的南印方面，仿照夜叉像而造佛像，所以頂上沒有肉髻相，多以獅子為座；在此後的北印方面，則仿照希臘神像而造佛像，頂有肉髻，以蓮花為座，有鬚有髮，此在西元前後四百年間，即形成了有名的犍陀羅的雕刻藝術。

印度佛教的雕刻藝術　印度佛教的雕刻藝術，大致可分四個時期。

（一）由阿育王至案達羅王朝：無疑地，雕刻的技術，在佛陀時代已經有了，但在今日殘存的遺物來說，則自阿育王的磨崖石刻及石柱的雕刻為始。此時技術已極高明，例如阿育王立於鹿野苑的石柱，其柱頭如今存於印度的鹿野苑博物館，高七呎，柱頭上部雕四隻獅子，獅下為一鼓，鼓邊又有浮雕的象、馬、鹿、獅四獸，四獅與四獸，皆極神似生動，磨琢也極光滑，故在世界藝術史上也占有極高的地位。

在阿育王後百餘年，約為西元前第二世紀，則有婆爾訶特（Bhārhut）和桑佉（Sañchi）塔的塔門及其欄楯的雕刻，遺留迄今。雕有獅子、金剛力士、夜叉、佛傳等的故事人物。不過，此時尚未出現真正的佛像，僅以蓮花象徵誕生時的佛，以菩提樹象徵成道時的佛，以輪寶象徵說法的佛，以塔婆象徵涅槃的佛。以上是屬於南印的佛教雕刻。

（二）犍陀羅地方的雕刻：犍陀羅在今日阿富汗及印度西北省地區，此一地區遺留有許多佛像雕刻，大約是經西元前後四百年間的孕育，到西元第二世紀，由於大月氏人所建貴霜王朝的迦膩色迦王等之保護而達於鼎盛。

此期的雕刻，是以佛菩薩像為主，是用希臘的技術來表現佛教的信仰，故以佛像的形像而言，乃為希臘人種形的高鼻樑，蓄有鬚髮，並以厚厚的毛織物為衣飾。我們知道，剃除鬚髮是沙門相的基本精神，在印度的恆河流域，也用不著厚的毛織物禦寒。

案達羅王朝是由南印度人所建，貴霜王朝是由侵入西北印度的大月氏人所建，這在印度史上稱為南北朝時期。正由於南北兩種民族文化的彼此激盪，介於南北印度之間便出現了阿摩羅婆提（Amarāvat）大塔的欄楯雕刻，它是受了犍陀羅雕刻的影響，而仍保守著第一期純印度的手法。它的年代，約在西元第一至第二世紀之間。

（三）笈多王朝的雕刻：這是由希臘色彩回顧到印度本位化的雕刻，由於笈多王朝的保護鼓勵而達於頂點，這乃是西元三三〇年至六四〇年間的事。

此期是採犍陀羅佛像的技術，發揚古代印度的雕刻原則，其特徵是雕像的衣著極薄，緊貼身體，呈透明裸露狀態，用極淺的曲線，左右均等地刻劃出雕像的衣褶紋路。與犍陀羅雕像比較起來，尚有很多不同之處：第二期的雕像的像背光圈，是單純的圓板，本期則在光圈上加刻了圖案；本期佛像的頭髮，多為螺形，且有白毫相及手足縵網相等三十二大人相，所以相好端正而富於慈愛的表情，均為第二期所不及。此乃表現了大乘精神，富於利他的理想。例如在鹿野苑的佛陀轉法輪像，以及西南印度阿姜塔（Ajanta，又作阿闍恩陀）洞窟精舍中的雕像，便是本期作品的代表。

（四）密教的雕刻：西元第八世紀之後，有一個波羅王朝，偏安於東印，擁護佛法，虔信密教，達五百年之久。本期的佛菩薩像，均係根據密教的教理，對於像座、結印、光背、衣服，以及莊嚴飾物，都有一定的規定和比率。大致上說，兩眼向上鉤，顎部呈尖狀，以及多手多頭等的特徵。並且規定，在修某一種密法儀軌之中，必定是用某種式樣的佛菩薩像。

印度佛教雕刻藝術的最大寶藏，遺存於今的，則為位於印度西部的一個土邦，海德拉巴的阿姜塔石窟寺，西元十九世紀初為歐洲學者傑姆斯（James Fergusson）所發現，共計二十九個洞窟，以其開鑿的年代而言，可分為三個時期：1. 西元前二世紀至西元後一百五十年或二百年代，2. 西元第四世紀至第六世紀中葉，3. 西元第六世紀後半期至第八世紀初。其中包括有石佛、石門、石欄、石柱等的各種雕刻。西洋及日本的學者，對此石窟藝術，均已有了專著研究。

印度佛教的建築藝術　初期的雕刻，是附於建築而存在的，唯因上古的建築物，雖有殘存，亦已無從求其完整，縱由考古發掘，也僅得其基腳而已。

佛教建築，可分三大類：

（一）塔婆（Thūpa）：塔婆又稱窣堵波（Stūpa）。塔是簡稱，它的構成，分為基壇、覆缽、平頭、竿傘等由下而上的四個部分。塔的形狀，則因時代的先後而不同，有在平頭的周圍造龕安置佛像；又有在覆缽的前面安置佛像；也有以二重、三重的輪蓋作塔的竿傘，而表崇敬之意，更有以基壇作成三層或五層；最後便出現了塔基與樓閣結合的建築物，那就是中國及日本等地塔型的由來。今日南傳各佛教國家的佛塔，尚保有近乎原始型態的風格。

在今日的印度，尚有古塔的遺跡可求者，則有阿拉哈巴（Allahabad）西南一二〇哩處之婆爾訶特，以及中央州的皮爾沙（Bhilsa）以南六哩處之桑佉。前者的塔門和欄楯的雕刻，今藏於加爾各答博物館；後者大塔的直徑有一二〇呎，在十四呎高度的基壇上，置有四十二呎高的半球形覆缽，覆缽之上更有平頭及傘蓋，已於近代修補，此塔乃為古印度建築藝術的最佳標本。又據一般傳說，以上所載兩處，本為阿育王所建佛塔的遺址。另在摩偷羅地方的阿摩羅婆提大塔，規模也很可觀。又據傳說，迦膩色迦王曾於富樓沙補羅，造一大塔，高達四十餘丈，莊嚴冠於全印。

（二）支提（Caitya）：又名制多，本與塔同，後來因了集會之用，便於制多置堂舍，稱為制多堂，主要用作每半月比丘誦戒布薩的場所，其構造大體為於長方形的室中，設一個半圓形的制多於室內的後壁正中。今日尚有殘存而著名者，則有南印的迦利（Karli）、那西克（Nāsik）和阿姜塔等的石窟洞院，便是最古老的支提的遺跡了。

（三）毘訶羅（Vihāra）：支提是集會所，毘訶羅是止息睡眠處，那便是僧房。乃由多數的小屋集合而成。但是，由多群僧房的集體建築物，又有一個名稱，叫作僧伽藍（Saṃghārāma）。也就是說：單純的僧房，稱為毘訶羅，集合食堂、講堂、禪堂等設備於一處的僧房，稱為僧伽藍。所以，真有藝術價值的佛教建築，乃是僧伽藍，例如經律中所載的祇園精舍和竹林精舍，規模均極莊嚴美麗。可惜的是，佛世的舊觀，今已無從考究，近世在印度各地發掘出土的精舍遺址，例如鹿野苑乃至那爛陀寺，亦均後世的增建，不是原來的舊貌了。

繪畫藝術 佛寺中有壁畫，始於《根本說一切有部毘奈耶雜事》卷十七（《大正藏》二十四．二八三頁上—中），佛許給孤獨長者，在寺中作壁畫，並指示如何畫、畫什麼？從門額一直到廁所，無一處不可作壁畫。

關於有部律之有此等記載的時代背景，已於前面分析，同樣地，今日所知的佛教繪畫，也有在犍陀羅雕刻的同一系統內發現。例如在犍陀羅之西的巴米安地方（Bāmiyan），有描繪天女的壁畫於一大佛龕的內部，其東方之鄯善的彌蘭佛寺（Mīrān）寺址，亦發現西元三世紀間的同系統壁畫遺品。在巴古（Bāgh）的洞窟中，發現有作於笈多王朝末期（西元七世紀）的甚為精美的壁畫。

在南印的阿姜塔洞窟中的壁畫，乃為印度繪畫的代表，它的製作年代，是自西元前一世紀到西元後七世紀的長期創作。沿著半圓形石山的內部石壁，開鑿有二十九個窟院，其中存有壁畫者計十六窟，所畫的題材，則以《本生譚》及佛傳為始，以及當時貴人生活的描寫。從其風俗、衣服等看，知其物質條件並不高，但從藝術看，占有極高位置的作品卻不少。

文學作品　初期佛教聖典，文藝的氣氛不濃，大乘經典一通行，即多採文學的方式，例如《般若經》為否定的表現法，《法華經》、《維摩經》、《華嚴經》，採用象徵的表現法，《大無量壽經》則為感覺的表現法，密教的明咒乃是聲音的表現法。

佛傳如馬鳴的《佛所行讚》，乃是以優美的宮廷詩的格調寫成。《本生譚》則用民間故事的方式而寓佛教的意趣。

在九分教（九部經）中的偈頌（Geyya，祇夜）及重頌（Gāthā，伽陀），除了論部的頌，均富有文學的色彩。對於偈頌，有種種格律的規定，通常多用塞洛迦調（Śloka），此調規定一句有八音，四句為一頌，由三十二音成為一頌。這種韻文譯成漢文後，雖已多成無韻，但仍不難想像。

在馬鳴的作品中，除了《佛所行讚》，尚有《孫陀利難陀詩》、《舍利弗戲曲》。另有在馬鳴之後而年代不詳的摩咥里制吒（Mātṛceṭa），他作有《四百讚》、《一百五十讚佛頌》，對此兩部作品，據義淨《南海寄歸內法傳》卷四（《大正藏》五十四．二二七頁中—下）所載，印度凡是學造讚頌的，無不學習；出家人不論是大乘或小乘，誦得五戒及十戒之後，即應誦此二讚，可見此二讚的地位之重要。

在西元第七世紀前半葉，領有北印度的戒日王（Śīlāditya），為強調佛教的慈悲觀念而作了《龍喜記》（*Nāgānanda*）的歌劇，共分五幕。戒日王是篤信佛教的君主，也是一位文豪，另外他尚作有歌劇《喜見記》、《瓔珞記》，詩集則有《迦丹波黎》。

第八章　初期的大乘佛教

第一節　大乘佛教的根源

最早的大乘思想　大乘佛教是在部派佛教以後興起，部派佛教是由原始佛教而發展的，大乘佛教乃是繼部派佛教的發展，再回到佛陀的根本精神的復興。部派佛教尤其到了一切有部的論書，已由對於「法」的分析，及於枝末的固定，把活潑的佛法變成了嚴密的理論，將佛法範圍起來，築起了阻止前進的牆。

大乘佛教的宗旨是探求佛陀的本懷，放棄枝末問題的詮釋分析，而使佛法活潑潑地成為人間的、一般的、實用的、生活的，這種精神，便是在佛的《本生譚》中得到消息。大乘佛教是把握住佛法的原則（三法印），來發揮佛陀以兼濟眾生為目的之本懷——菩薩道的菩提心。

因此，大致上可說，部派佛教（小乘）是保守的分析的學問佛教，大乘佛教是開放的、原則的生活佛教。

在原始的《阿含》聖典中，佛陀未嘗以菩薩道開示其弟子，並且佛陀自己的生活也即是聲聞型的比丘身分。可是，佛陀以利他為要務的救濟工作，已說明了大乘菩薩的精神，只是當時的弟子們覺得，羅漢與佛的解脫雖同一味，羅漢終究不及佛的偉大，佛是由菩薩而成，菩薩也僅是指的未成佛前的釋尊。

但在《阿含》聖典中，確有大乘的名目及大乘的思想。

《雜阿含經》卷二十六第六六九經（《大正藏》二・一八五頁上），以行四攝法（布施、愛語、利行、同事）者為大士。

《雜阿含經》卷二十八第七六九經（《大正藏》二・二〇〇頁下），以八正道的修持者，名為大乘；《根本說一切有部毘奈耶》卷四十五（《大正藏》二十三・八七五頁中），亦有：「乃至出家得阿羅漢果，或有發趣聲聞獨覺乘心者，或有發趣大乘者。」

《增一阿含經》卷十九（《大正藏》二・六四五頁中），明白載有大乘的六度。

不過，具體的大乘思想，在原始聖典中是不易找到的。

菩薩道與菩薩　菩薩道對於佛世的弟子們，雖然嚮往和實踐的人不多，但也並不陌生，那就是佛陀的《本生譚》之大行。現在的《本生譚》中，難免已加入了後人增訂的成分，所以那些《本生譚》的故事，有些也是久已在印度流傳的素材，佛陀則嘗以菩薩修行應當以《本生譚》那樣的大行為典型，這就暗示了要成佛，須修菩薩道，菩薩道的型態，便是累生累劫為了方便利人而現各種各類的身分，為外道、為王、為臣、農、工、商賈，乃至為禽獸。凡有利於眾生的，菩薩方便可以行殺、盜、淫、妄，這種大行，同聲聞的小乘行是不同的。但是，從這《本生譚》中，便不難進窺佛陀的本懷乃是以菩薩道為理想的；菩薩道的基礎是人天道及聲聞道，當時印度的環境，尚不能接受此一理想，所以佛世的教團，即止於聲聞境界。

在《阿含》聖典中，菩薩僅兩位，一是未成佛前的釋尊，一是當來在此世界成佛的彌勒。釋尊是沙門，彌勒也是現比丘相，在聲聞會中坐。在《長阿含經》卷六第六經（《大正藏》一．四十一頁下），《中阿含經》卷十三第六十六經（《大正藏》一．五一一頁中），《增一阿含經》卷四十四〈十不善品〉（《大正藏》二．七八八頁中）、卷十一〈善知識品〉（《大正藏》二．六〇〇頁上）、卷三十七〈八難品〉（《大正藏》二．七五四頁中）等，均說到彌勒菩薩，並記莂他將來人間成佛。

在大乘經中的在家菩薩，文殊及善財，是實有其人的，此外，毘舍離城的寶積、維摩詰等五百人，王舍城的賢護等十六人，也是確有其人的，可惜不載於《阿含經》，他們的詳情也不得而知。因在佛滅後數百年間，佛教在上座比丘的領導下，是以聲聞的出家僧團為主，未暇顧及其他。這些大乘的勝義卻在默默中流行。

一佛與多佛　在《吠陀》聖典中，立有七聖，在耆那教中有二十三勝者。在佛教的《阿含經》中，則立有七佛，這是從古到今的多佛相次在人間成佛，或者與《吠陀》的七聖說有關。既然過去有多佛，未來亦必有多佛，彌勒菩薩的未來做佛，即此說明。又在《長阿含經》中，毘沙門天王皈敬了三寶之後，另外又皈敬釋尊，可知現在除了此界的釋迦佛，尚有他界的其他佛。

因此，在原始聖典中，雖僅以釋尊一佛為主，卻已透露了三世諸佛的消息。到了《根本說一切有部苾芻尼毘奈耶》卷十四（《大正藏》二十三．九八四頁下），佛即為兩個給佛做引導的童子授記：「於最後身得成無上正等菩提，一名法鼓音如來，二名施無畏如來。」有部是反對大乘佛教的，在其律典中，卻已有多佛思想，甚至更進一步，記載釋尊曾為叛佛害佛的提婆達多及未生怨（阿闍世）王，授記於未來做佛。

可見，人人皆有成佛的機會或可能，在《阿含》聖典及部派聖典中，已經存在，不過未曾受到聲聞僧團的重視而已。

大乘佛說非佛說　從原則上說，大乘聖典確係出於佛陀的本懷，初期的若干大乘經典，有的也是出於佛說，但其未能見重於比丘僧團，乃為事實。有些大乘經典則並非出於佛說，是由在家弟子的宣說而得到佛的印可，例如《維摩經》、《勝鬘經》便是。最大的《華嚴經》也唯有其中的〈如來隨好光明功德品〉（現為八十卷本的卷四十八之下半卷，《大正藏》十．二五五頁下—二五七頁下），是佛說，餘均為諸菩薩說。佛經中也明白地顯示，佛法除了佛說的，尚有弟子說、仙人說、化人說、諸天說的。所以，我們實在不必為了大乘經典是佛說與非佛說的問題而爭論。同時，現存的大乘聖典，縱然在佛世已有了其原型，如今所傳的，無疑是已經過增補，這不是後世佛子故意藉著佛的招牌而發揮自己的主張，乃是由於口口傳誦的師承之間，無意及有意中加進了新的材料。

每一個時代環境，必有其不同的時代思潮，這種思潮之影響於佛教的學者是可能的，老師將傳承於上一代的聖典，再傳誦給弟子們時，也很可能另外講授一些時代中流行的學問，傳了數傳，時代的產物與佛教的原典之間的界限，便會自然消失，所以這是無意的加入了新材料。有些資料，雖然從來未見師弟傳誦，可是竟在某種因緣下發現了，以佛的法印衡量，確不違背佛陀本懷，並且含有勝義，於是被佛教的學者視為佛陀的遺教，集輯起來，便成了增補的部分或新出的聖典，所以這是有意的加入了新材料。

這樣下來，大乘聖典的篇帙，便愈久愈豐富了，例如六百卷的《大般若經》，它是一部大叢書，八十卷的《華嚴經》，它的成立過程，也是相當地久。如果一定要說那全是佛在某時某地說出的，實有違背史的根據，而且也大可不必。因為，對於佛教來說，聖典之是否出於佛陀親口所說，並不值得爭執，但問聖典的內容是否合於佛法的原則？

在《大智度論》卷九（《大正藏》二十五．一二五頁上）說有「法四依」，第一便是依法不依人；凡是根據三法印或四法印或一實相印而通得過的，那便是佛法，佛陀的悲智中流出了佛法的原理原則，卻未暇盡說佛法的本末終始；依律住，依法住，即如依佛住，佛法則不必要求其皆出於佛說。做為一個正信的佛子，應當具有如此的觀念。

大乘聖典的結集　但是，在佛教的傳說中，確有結集大乘經典的記載，試舉如下：

（一）《菩薩處胎經》卷七的〈出經品〉（《大正藏》十二・一〇五八頁上—中）說，佛滅七日，五百羅漢受了大迦葉之命，至十方恆河沙剎土，邀集八億四千比丘，以阿難為上首，結集了菩薩藏、聲聞藏、戒律藏；將三藏又分作胎化藏、中陰藏、摩訶衍方等藏、戒律藏、十住菩薩藏、雜藏、金剛藏、佛藏，計為八藏。

（二）《大智度論》卷一〇〇（《大正藏》二十五・七五六頁中），則說文殊與彌勒帶同阿難，於鐵圍山結集摩訶衍（Mahāyāna，大乘）。

（三）《金剛仙論》卷一（《大正藏》二十五・八〇一頁上），也說在鐵圍山外，二界中間，結集大乘法藏。

（四）真諦及玄奘所傳，則說第一次王舍城結集時，別有窟外的大眾結集，其中有大乘經。

此等傳說，若從史實的考察，可信的成分很少。晚出的小乘聖典，特別是大乘聖典，在數字上每喜運用印度的通俗觀念，動輒以八萬四千或恆河沙數做單位，然此僅做為數字很多的象徵，卻不必信為確有其數。因為古代的印度人，幾乎多有詩人的氣質，喜用象徵而淡於實數的統計。

以上四說之中，唯第四說略微近乎事實，那是由於富蘭那長老等的未被邀請參與第一次結集，而附會產生；因為從此種下了第二次結集的因；第二次結集造成了大眾部的分離；大眾部的開展，即催促了大乘佛教的成長及成熟。

第二節　初期大乘的興起

大乘興起的原因　佛滅之後，大乘的暗流雖在潛移默化，卻未能影響到它所處的時代思潮。直到西元紀元前後，大乘佛教依舊保持緘默的狀態。

促成大乘興起的原動力，乃是般若思想，般若思想則導源於大眾部的「現在有體」之因緣生法的基礎。在大眾部中即唱有「世出世法，悉為假名」的口號，據南傳的《論事》十九．二（日譯《南傳大藏經》第五十八卷三六五頁）的記載：制多山部（案達羅地方的大眾部自由派）主張「空性含於行蘊」之說，此即是緣起空性的教理。

般若思想為大乘的先河，《般若經》出於南印案達羅地方，已為近世學者所公認。在現存的《小品般若經》卷四（《大正藏》八．五五五頁上）中也說：「般若波羅蜜，當流布南方，從南方流布西方，從西方流布北方。」這已暗示了大乘佛教發展的路向，由南而西而北，生於南印而成熟於北印，西北印本為婆羅門的教區，所以流行梵文；為投合梵文環境，傳來中國的大乘聖典，也均出於梵文本的翻譯。

因此，大乘佛教，既是小乘佛教（大眾部）的延伸，也是對於小乘佛教（特別是有部）的反抗，它使得被小乘佛教定型而幾乎僵化了的佛法，重行回轉到佛陀的本懷而復活起來。大乘佛教站在出類拔萃的立場，即以小乘（Hīnayāna）之名貶低部派佛教的地位。同樣地，部派佛教特別是有部的學者，站在自以為是正統的根本佛教的立場，對新興的大乘佛教，起而還擊，唱出大乘非佛說、大乘是魔說的口號。到了無著的《大乘莊嚴經論》、《顯揚聖教論》、《攝大乘論》，又竭力為「大乘是佛說」而辯護。若從實際上說，雙方均有理由，也可以說，雙方均有一點偏激，因為小乘既由原始佛教而開出，也是大乘佛教的源頭，未必全是自私自了的小乘；大乘既有原始教理的根據，縱非皆出於佛說，何至於即成為魔說！這一現象，若從其結果說，也都值得尊敬，倘不如此，新舊思想便分別不出，因其相反適相成。到了《法華經》中，大、小三乘匯歸一乘，便調和了大、小之諍。大乘佛教的圓熟，得助於有部的思想基礎者很多，有部對於唯識的成熟尤其有功。

發起大乘的人物及思想　大乘運動的骨幹，無疑地，有兩種人：

（一）聲聞僧團中的比丘們：大眾部的比丘們，從來便是進步自由的，大天是其典型的代表，也可說是大乘佛教的先知先覺者。後來由大眾部的案達羅派而影響到化地部、法藏部、經量部，終於開出大乘而化入於大乘之中。

（二）自由思想的在家信徒們：向來的上座僧團中，在家眾依出家眾而修學佛法。此時出現的大乘聖典，卻多以在家菩薩為弘法的中心人物，例如《維摩經》、《勝鬘經》，不僅僧俗平等，男女平等；乃至《維摩經》要將舍利弗做為聲聞比丘的代表人物，大肆奚落，藉以嘲笑固執保守的比丘僧團。

這是說明思想的趨勢，卻不必即代表大乘佛教的全盤史實。大乘佛教固然擯斥小乘行者的保守風格，大乘佛教的圓成者及發揚者，從史實的考察而言，仍是出於比丘僧中的歷代大師。

另外，我們已屢次說到的所謂時代思潮，也有兩方面的因素：

（一）佛教內部的相互激盪：部派與部派之間，乃至在同一部派之內的學者，也相互發明，彼此批判，這是為了法義之爭，而構成的現象。舊思想在爭持不下之時，往往即有新生一代的思想繼之而起。

（二）外教及外來思想的攻錯：所謂他山之石可以攻錯，當佛教的氣運壓抑了婆羅門教及其他外道學派之際，也正是他們企圖重整旗鼓之時。例如《大戰詩》的《薄伽梵歌》，此時已成立；數論及勝論等的外道哲學，此時已完成了體系；新的婆羅門教維修奴派及濕婆派，已趨於隆盛。他們對於佛教的攻擊是不容忽略的。佛教一旦遭受攻擊，就會發現自身在人為方面的弱點，同時也發現了對方的優點，取長補短，或發揮所長、揚棄所短，乃是必然的結果。同時，我們已經說過，南印達羅維荼族的文化，北印來自希臘及波斯的文化，佛教也在容忍的精神下，在不違背佛陀本懷的原則下，容受了它們，融化了它們。經過數番的大開大合，大乘佛教便達於鼎盛。

部派時代的大乘學者　我們不能不說，初期大乘聖典的漸次結集而公布於世，乃是一代又一代的具有進步思想的無名學者，他們在默默中為了發揚佛的本懷而工作。直到龍樹菩薩出世，集數百年無名大乘學者的工作成果於一身，予以蒐集整理著述發揚，才確立了大乘佛教的地位。

但是，在龍樹之前，至少已有了下列數人，確已具有大乘思想：

（一）龍軍：這就是彌蘭陀王時代的那先比丘，從《那先比丘經》看，他雖是羅漢，所做的問答亦多為小乘的範圍，可注意的，便是他以為佛對「去事、甫始、當來事」，「悉知之」。佛能悉知三世諸法，同時也主張佛的智慧能對人的「從心念至身知苦、樂、寒、溫、麁、堅，從心念有所向，佛悉知，分別解之」。佛是全知者，佛智是無邊的，這就含有大乘的先驅思想了。

（二）脇尊者：這是迦膩色迦王時代的人，也就是促成第四次結集的人物，但他已經接受了由南印傳到北印的般若思想。所以他的學風，取直要而厭繁瑣，與有部發智論系的學者頗有不同。同時他對《方廣經》的解釋，竟說：「此中般若，說名方廣，事用大故。」

（三）世友：這是第四結集中的重要人物，著有《異部宗輪論》及《界身足論》，他本是有部的小乘學者，但在真諦譯的《部執異論》、玄奘譯的《異部宗輪論》、玄奘著的《大唐西域記》，均稱他是大乘菩薩。《大唐西域記》卷三（《大正藏》五十一．八八六頁下）也載有世友的自白：「我顧無學，其猶洟唾，志求佛果，不趨小徑。」他對小乘的無學羅漢，也看同「洟唾」而不嚮往，他所求的乃是佛果，這便是不折不扣的大乘思想了。

（四）馬鳴菩薩：馬鳴（Aśvaghoṣa），《大正藏》史傳部有《馬鳴菩薩傳》一卷（《大正藏》五十．一八三——一八四頁），是迦膩色迦王時代的人，傳說他生於中印，本學婆羅門外道，長於音樂及詩歌，聲譽卓著，後為脇尊者所論破而皈依佛教。馬鳴的著作很多，現存於藏經中的有：1.《大乘起信論》一卷，真諦譯。2.《大宗地玄文本論》二十卷，真諦譯。3.《尼乾子問無我義經》一卷，日稱譯。4.《大莊嚴論經》十五卷，羅什譯。5.《佛所行讚》五卷，曇無讖譯。6.《十不善業道經》一卷，日稱譯。7.《事師法五十頌》一卷，日稱譯。8.《六趣輪迴經》一卷，日稱譯。其他著作，未見漢譯。

從以上八種馬鳴的著書中看，僅一、二兩書屬大乘性質，餘均小乘境界，故近代學者如日人境野黃洋等，懷疑《大乘起信論》不是馬鳴造，《大宗地玄文本論》亦疑非真諦譯。甚至有人以為《大乘起信論》是中國人託名馬鳴所造（如望月信亨、荻原雲來等）。境野氏認為《大乘起信論》縱是馬鳴造，也不是迦膩色迦王時的馬鳴，而是龍樹以後的人，乃是陳那與堅慧時代的學者，恐怕是世親的弟子，這是從《大乘起信論》的思想上分析而知。

在龍樹的《釋摩訶衍論》，舉出了六位馬鳴：1.釋尊同時的馬鳴，出於《勝頂王經》。2.另一釋尊同時的馬鳴，出於《大乘本法經》。3.佛滅後百年頃出世的馬鳴，出於《摩尼清淨經》。4.佛滅後三百年頃出世的馬鳴，出於《變化功德經》。5.佛滅後六百年頃出世的馬鳴，出於《摩訶摩耶經》。6.佛滅後八百年頃出世的馬鳴，出於《常德三昧經》。其中的第五馬鳴，便是迦膩色迦王時代的人，一般相信撰著《大乘起信論》等大、小乘論的馬鳴就是他。至於其中所稱的佛滅後多少年，因為佛滅紀年的推定，有眾多的異說，故此僅供參考，不必做為定論。

不論如何，迦膩色迦王時的北印，已有大乘教法的流行。脇尊者、世友，也都有了大乘的思想。生於中印的馬鳴，既與脇尊者等親近，當也不難受有大乘思想的感染啟發。

西方淨土　有人以為：從南印發展出的般若思想，是主智的大乘佛教；從北印（西域）開出的他力往生的淨土思想，是主情的大乘佛教。據印順法師說：「脇尊者信《般若經》，馬鳴菩薩則與西方淨土有關。《大悲經》謂北天竺國，當有比丘，名祁婆迦（馬鳴之梵語），作大乘學，生西方極樂世界。馬鳴本信仰之熱誠，讚佛之『本生』、史跡，有往生他方佛土之信念，頗與其個性合。」（印順法師《印度之佛教》第十一章第四節，一九七頁）

又說：「若以經中暗示者解說之，則《般若經》（之一分）可謂淵源於東方，如常啼菩薩求法之東行；大眾見東方不動佛之國土。」「《大悲經》、《阿彌陀經》，明西方極樂，當為西方學者所集出。」（同上引書，一九六頁）其實，就印度佛教的大勢而言，東、南方可以互用，西、北方也可以互用。

彌陀淨土思想之發源於西方，可有兩種因素：

（一）原始佛教的開展：淨土救濟的思想，實在是從佛的本懷中流出。《雜阿含經》卷二十二第五九二經（《大正藏》二．一五七頁中——一五八頁中）說，向佛走去一步，也有無量功德。《雜阿含經》卷三十五第九八〇經（《大正藏》二．二五四頁下——二五五頁上）及《增一阿含經》卷十四〈高幢品〉之一（《大正藏》二．六一五頁上）說，念三寶可以除恐怖。《增一阿含經》卷二十七〈邪聚品〉之七（《大正藏》二．七〇〇頁中）說，被迫供佛，也能六十劫不墮惡趣。到了《那先比丘經》卷下（《大正藏》三十二．七一七頁中），便進一步說：「人雖有本惡，一時念佛，用是故不入泥犁（即地獄）中，便得生天上。」由生天而知求生當來佛的兜率天；由本界佛的淨土而知有他方佛的淨土；由佛的《本生譚》而知有佛的本願力。西方淨土便是阿彌陀佛的本誓願力所成。可見，釋尊雖未在《阿含》聖典中說到彌陀淨土，彌陀淨土的思想，確係由釋尊的本懷中流出。

（二）外來思想的激發：淨土的他力救濟，雖早存於原始聖典，但在未遇外緣的激發之先，尚不受人重視。一旦接觸到來自希臘、波斯等北方民族的宗教信仰時，為了接引異教迴入佛教，對異教的思想便不能不考慮其價值。他力救濟的祈禱崇拜，乃是神教的通性，佛教不信有神，但佛的本願力中，確含有他力救濟的功能。所以那先比丘見了希臘的彌蘭陀王，便說了念佛可以生天。到了馬鳴菩薩時，彌陀淨土的思想已經出現人間，彌陀聖典由口頭傳誦而被結集成為成文的經書時，便是西方淨土的當機應化。彌陀淨土之確有其事，與西方極樂之究在何方，應是兩個問題。「生則定生，去則不去」，這是對西方之在何方的最好解答。

第三節　大乘初期的經典

時代的推定　此所謂的初期，是指西元元年至二百年間，相當中國的西漢平帝元始元年至東漢獻帝建安五年，此為大約的看法。

主要的分期界限，是以龍樹菩薩的時代為準，他大約是西元一五〇至二五〇年之間的人。大乘佛教由於龍樹出世而確立，龍樹卻不即是大乘經典的結集者，他不過是利用了在他以前存在的大乘經典，疏解、選述、闡揚而樹立了大乘的佛教。

審查初期出現的大乘聖典，木村泰賢以為，可用兩種方法來確定：

（一）從龍樹的作品中所引用的經典查考：龍樹雖有種種作品，唯以《大智度論》、《十住毘婆沙論》引用的諸大乘經典最多，其中有的已不傳存，但其所用者，必定是在他以前即已成立。

（二）由中國譯經史上查考：到龍樹時代為止，凡在中國已譯的大乘經典，均可視為初期的。例如支婁迦讖（西元一六七年，東漢桓帝永康元年來華）、吳支謙（西元二二〇年，東漢獻帝亡國之年來華）、康僧鎧（西元二五二年來華）、竺法護（西元二六五年來華），這些是龍樹以前或被認為是龍樹同時的人，他們譯出的大乘經典，必是龍樹以前即已存在的。（木村泰賢《大乘佛教思想論》第一篇第三章第二節）

印順法師以為查考大乘經典的成立遲早，可分四種方法來探索：

（一）大乘經中每自述其流布人間的時代。

（二）大乘經中常有引述其他經典：如《無量義經》敘及《般若經》、《華嚴經》；《法華經》又敘及《無量義經》；《大般涅槃經》又論及《般若經》、《華嚴經》、《法華經》；《楞伽經》敘及《大雲經》、《涅槃經》、《勝鬘經》、《央掘魔經》；《密嚴經》又敘及《華嚴經》、《楞伽經》。

（三）大乘經中每有懸記後代的論師：如《摩訶摩耶經》中的馬鳴、龍樹；《楞伽經》中的龍樹；《文殊大教王經》中的龍樹、無著，皆足以推知該等經典出現的時節；同時，在經中所見印度的王、臣之名，也可做為推知其出世年代的佐證。

（四）依聖典之判教可以得知經典傳布的先後：如《陀羅尼自在王經》、《金光明經》、《千缽經》，均判為先說有、次說空、後說（真常之）中；《理趣經》則舉三藏、般若、陀羅尼。約理而言，乃是初說事有，次說性空，後顯真常。（印順法師《印度之佛教》第十一章第二節）

從宗教的態度看，聖典中的懸記，是出於佛說；從歷史的角度看，凡是懸記的年代及人物，均足以做為推定該一聖典出世的時地之參考。

以下讓我們介紹初期大乘的幾部重要經典。

《般若經》《般若經》通於大、小三乘，也是大乘佛教之母。般若部所含經典極多，大至六百卷的《大般若經》，小至一張紙的《般若心經》。

在龍樹時代，所流行的般若是《小品般若》及《大品般若》；在中國，《小品般若》的初譯是後漢支婁迦讖的《道行般若》，《大品般若》的初譯是西晉竺法護的《光讚般若》；此兩種《般若》的漢譯，各有數種。現在根據龍山章真的《印度佛教史》第三篇第二章，將《小品般若》及《大品般若》在《大般若經》中的地位及其異譯，列表如下：

（一）根本般若——初分至第五分：

大般若初分（十萬頌）		
大般若第二分（二萬五千頌）	大品般若	羅什譯
大般若第三分（一萬八千頌）	光讚般若	竺法護譯
	放光般若	無羅叉譯
大般若第四分（一萬頌） 大般若第五分（八千頌）	道行般若	迦讖譯
	小品般若	羅什譯
	大明度經	支謙譯
	摩訶般若鈔經	曇摩蜱、竺佛念譯
	佛母出生般若	施護譯

（二）雜部般若——第六分至第十六分。

其中出現最早的，是《八千頌般若》，乃為近世學者所公認。據多羅那他（Tāranātha）所著《印度佛教史》說，此經是文殊師利現比丘相，為孔雀王朝第一主旃陀羅笈多王所說。此《八千頌般若》，從其發源上說，先在南印，到西印而至北印。又據西藏所傳 *Siddhaānta, Wassilieff Buddhismus* 所引，案達羅地方的東山住部及西山住部，有俗語的《般若經》，這大概就是基於文殊師利所說而編成的《八千頌般若》了。

《八千頌般若》傳到北印（犍陀羅地方），即受到小乘有部學者的攻擊，故在《二萬五千頌般若》之中，說到了小乘教徒唱出大乘非佛說的論調。後漢靈帝光和二年（西元一七九年），《八千頌般若》即由支婁迦讖譯出而流傳於東土，可見出世之早了。

般若的思想是一個「空」字，般若可譯為智，空即是智的客觀面，智是空的主觀面。有智必可證入空性，證入空性的必是智。所以智慧與空，畢竟是同一物的兩種名稱。

但是，般若的空，絕不等於虛無的世界觀及人生觀，而是基於緣生性空無所得的正觀，不受我執或我欲的困囚，以達到一種無礙自由的心境及其活動。所以，《般若經》一面主張空，另一面又帶有泛神論的色彩。例如龍樹的《大智度論》卷七十二（《大正藏》二十五．五六三頁中）說：「般若波羅蜜中，或時分別諸法空是淺，或時說世間法即同涅槃是深。色等諸法，即是佛法。」也就是說，觀察諸法之性是空，乃係淺義，肯定世間諸法即同於寂滅的涅槃，才是深義；所以，色法等一切萬法，皆是佛法。空理是指諸法無性，不是要否定了諸法而說空。在此真空之中，已含有妙有的思想了。

《華嚴經》　《般若經》中已暗示了妙有的思想，繼承這思想而從淨心緣起的立場，開展廣大妙有之世界觀的，便是《華嚴經》。

漢譯有六十《華嚴經》及八十《華嚴經》，但在龍樹的著作中，只能證實當時已經有了《十地經》及〈入法界品〉。如從譯經史上看，迦讖、支謙，尤其是竺法護，所譯的華嚴部聖典而言，大部分的《華嚴經》，在龍樹時代已經出現了。《十地經》及《雜華莊嚴經》（即是〈入法界品〉或《不可思議解脫經》），現尚存有梵文本，可知此兩種乃為《華嚴經》的精要。

《十地經》是說菩薩修道的理論，分為歡喜、離垢、發光、焰慧、難勝、現前、遠行、不動、善慧、法雲十個聖階。此一十地思想，在大眾部的分派說出世部的佛傳《大事》及《般若經》中，已經出現。唯於《大事》的十地名目，與《十地經》不同，並且，完備而明確地說出十地菩薩道的意義者，則有待於《十地經》的貢獻。

〈入法界品〉，是先由釋尊入定，以示所入法界之不可思議的境界，次說能入法界的普賢行願，而以善財童子南行參訪善知識的故事，貫串其間。善財受文殊之教而南行，最後在普賢座下證入法界。文殊代表佛的智慧，普賢代表佛的行願，善財代表修證的人。由信而解，由解而行，由行而證；〈入法界品〉完成了學佛的四大階程。

從華嚴的思想而言，是「三界所有，皆由於心」；「十二因緣分，皆依於一心」；「心如工畫師，畫種種五陰」。這是唯心論的論調。

華嚴的唯心，卻與西洋哲學的唯心，有所不同。因華嚴是基於緣起觀的立場，以清淨心為緣起的著眼，故也與般若的妄心緣起的立場不同。其他哲學的唯心論，則未嘗有緣起的觀念。緣起觀本為佛陀於菩提樹下所證悟的結果，由無明、行，而至老死，這可以稱為基於妄心而產生的「有」；若用真智觀照，此「有」是幻有，是空，般若的妄心緣起觀，即基於此一理論。可是經過「空」以後的緣起，從妙有的立場看，這個緣起，便是淨心緣起了。

我們知道，原始佛教是以解脫為宗旨，尚未暇論及形而上的本體問題。但從哲學的觀點而言，形而上的本體之建立，乃屬理論過程的必然。所以，到了《般若經》，即暗示了這個要求；到了《華嚴經》，便正大地開顯了這個要求，那就是「清淨心」的「妙有」。

什麼是清淨心的妙有？《華嚴經》認為全法界（宇宙），皆是法身佛毘盧遮那（Vairocana，大日）的顯現，清淨法身充遍全法界，這就是妙有的淨心緣起觀。這從哲學觀點說，便是泛神論的華嚴世界觀。唯佛教的泛神思想，又與一般的泛神論不同：一般的泛神哲學，只能要求人順乎「神」（本體），卻不能要求此神來愛人；佛教的泛神之「神」的本體是法身佛，佛卻另有報身及化身，法身是諸佛的本體，報身是諸佛的個體，化身則為適應眾生的要求而做廣大的救濟。

正由於全法界皆是法身的顯現，故在每一法之中，即反映了全法界的共通性。所以，《華嚴經》即以為一即是一切，一切即是一；衝破時間及空間的藩籬，在一微塵中即含全法界，在一剎那間即含無窮遠；所謂芥子納須彌，須彌納芥子；所謂長劫入短劫，短劫入長劫，就是這個道理。到了中國註釋家的筆下，就成立了十重無盡的緣起。在現代科學的角度上，也可證明此一理念的正確性，相對論告訴我們，一個物體的運動，於接近光速（每秒二九九八〇〇公里）的狀態下，它本身所感到的時間和速率，便完全靜止。所以科學家們已知道太空人在他有限的生命之中，可以航行一千年，到太陽系以外的恆星，再返回地球。

《維摩經》　本經在中國，自支謙至玄奘，共有六譯，而以羅什所譯的《維摩詰所說經》，最能流行於世。

本經以「般若」為其背景，但它消極地論空，卻積極地肯定有。故從宇宙論而言，它與《華嚴經》相通處很多。

在世界觀方面，本經願以我人的人格即在現實生活中發現佛道的所在。以為我人的現實生活即是真如（法性）的顯現，差別的現象世界即是清淨的國土；把小乘解脫的涅槃境界，投置於現實的人格生活。它是繼《華嚴經》的思想，以全法界即是法身的顯現，而把佛法投向實際的人生，正好與小乘的逃脫人生的企圖相反。基於這個理由，便主張不捨道法而行凡夫之行，不斷煩惱而入於涅槃之境，能住於直心、深心、菩提心者，便是道場的禪定；真正的佛道，應從煩惱中、業中，發現佛種之所在。即煩惱而見菩提，不離生死而住涅槃，這便是《維摩經》的立場。

由於小乘人的偏重了生死，偏重出家生活，到了部派的末期，幾與人間大眾的生活脫節，《維摩經》的出現，確有振作精神以活潑佛教的氣象。本經的維摩詰居士，雖處於塵世，卻超越於世俗之上，發揮了偉大人格的力用，乃是菩薩身分的典型。他現身說法，振作了在家信者的意志，同時以舍利弗為中心而暴露了聲聞弟子的無見識及無力量。

這一思想，給中國的禪宗，很大的啟示，值得注意。

《妙法蓮華經》《華嚴經》及《維摩經》，站在大乘的立場，排斥二乘（聲聞、緣覺），《法華經》則起而做調停，欲使一切眾生向於佛乘，而仍不悖於大乘的使命，這就使三乘歸入一乘，表現了佛陀化世的本懷。不唯菩薩可成佛，聲聞弟子比丘、比丘尼，乃至畜道的龍女，也能成佛。三乘開會，力說悉皆成佛，這是本經被認作諸經之王的理由。

《法華經》流布的地域很廣，除了漢譯的，尚有西藏譯的，另有中亞胡語本的片段，亦發現了。梵文的《妙法蓮華經》（*Saddharmapuṇḍarīka Sūtra*）已有日本南條文雄校訂後於西元一九〇八至一九一二年出版。漢譯有三種，以羅什所譯的最流行。羅什譯的現存者有二十八品，但在當時譯出的，並沒有〈提婆達多品〉；〈普門品〉的重頌，也是後來增補的。據考察，除了〈提婆達多品〉，至第二十二品，是本經的原形，經過了兩次的增補，始完成二十八品的現行本。（見龍山章真《印度佛教史》第三篇第二章第三目）

據印順法師的主張：「《法華經》也不妨一讀，可用什譯的；除去羼入的〈提婆達多品〉；〈囑累品〉以後附加的成分，可以不讀。」（印順法師《以佛法研究佛法》〈大乘是佛說論〉二〇一頁）

淨土經典　由來的聖典，都以現世的問題為中心，未嘗論及死後的救濟方法及其歸向；或以現世為出發點，而對未來永恆的彼岸，開始為佛陀或菩薩的淨土而經營，也未明白地指示死後去從的問題。淨土教系的思想，便是基於此一要求而出現。雖然淨土的救濟，確係佛的本懷，它的出現和成熟，卻要藉著各種因緣的和合。

淨土，大體可分為三大流：

（一）彌勒（Maitreya，慈氏）的兜率淨土：彌勒現居兜率天，將來此土成佛度眾生，這是《阿含經》已有的思想。到龍樹菩薩又引用了《彌勒成佛經》及《彌勒下生經》等。在沮渠京聲譯出的《觀彌勒菩薩上生兜率天經》，即一轉而敘述此天之樂，而勸人往生兜率淨土，並以稱名為往生的條件之一。《那先比丘經》的念佛生天，尚未說稱名，可知此又進了一步。若考察稱名思想的淵源，則在大天的「道因聲故起」，發展至大乘淨土為稱名念佛，到了大乘密教，則為誦持陀羅尼。

（二）阿閦（Akṣobhya，不動）佛的東方淨土妙喜國：此與般若思想有關，《般若經》中說到有阿閦佛，《般若經》出於東南印，常啼菩薩求法向東行，阿閦佛的淨土也在東方。阿閦佛的思想散見於諸經，把它編集起來的則有支婁迦讖譯的《阿閦佛國經》、菩提流志譯的《大寶積經．不動如來會》第六。阿閦佛在因地做比丘時，立有自行願十六及淨土願二十三，計為三十九願。求生妙喜國的條件，是修六度行，並以修般若的空觀為主，故此比起彌陀淨土的他力往生，這算是自力的。妙喜國在理想化的程度上雖不及極樂淨土，在道德、社會、文化方面，則又勝過極樂淨土。

（三）阿彌陀（Amitāyus, Amitābha，無量壽、無量光）佛的西方淨土極樂國：在龍樹時代，從其《十住毘婆沙論》等所引用的內容而言，是近於現存的《二十四願經》，即支謙譯的《阿彌陀經》或支婁迦讖譯的《無量清淨平等覺經》的一種為其代表。在梵文的現存本，則為三十六願及四十六願，在康僧鎧譯的《無量壽經》，便成了四十八願。由此可見出其本願數目漸次增加的軌跡。漢譯彌陀經典，除了支謙、支婁迦讖及康僧鎧所出的，尚有《大阿彌陀經》、《大無量壽經》、《大寶積經．無量壽如來會》、《大乘無量壽莊嚴經》。梵文則為《樂有莊嚴》（*Sukhāvati-vyūha*），以及它的西藏譯本。

本願思想，原始於釋尊的《本生譚》，阿閦佛即開出三十九願，阿彌陀佛則由二十四願增加到四十八願，其中的演進過程，不難想像。尤其在四十八願中的「欲生我國，臨終接引」、「聞名供養、繫念，必生我國」、「至心信樂，十念來生」等語，已開出了他力淨土的一門。

由於佛本願力的建設，彌陀的樂土，有二大特色：

1. 阿彌陀佛自身是無量壽、無量光，往生彼國的一切眾生，也是無量壽、無量光的。這在彌勒及阿閦的淨土是沒有的。

2. 彌陀淨土可以帶業往生，凡夫也能生彼國土，一切眾生凡能志信十念者即可往生。這比《法華經》的會三乘入一佛乘，更加地通俗化及普及化了。《法華經》尚須專修至聖位而會歸佛道，此則凡夫均有往生的機會，而且「生我國者，一生遂補佛處」。此即龍樹《十住毘婆沙論・易行品》所說的「易行道」。

大乘經教的特色　對於小乘經教而言，大乘經教有很多特色。大乘經典，與部派佛教的經典，雖同樣採用「佛說」的形式，小乘多用記事記實的文體，很少演繹鋪張。大乘經則多用通俗的演義、故事、譬喻、偈頌的文藝筆觸。如《華嚴經》的〈入法界品〉，《法華經》的火宅喻、三車喻、化城喻、窮子喻、藥草喻，特別是《維摩經》，甚至被胡適說為「半小說，半戲劇的作品」。用淺近的方法，發揮佛陀的本懷，引生大眾的信仰，是大乘經的第一特色。但是，《密嚴經》、《解深密經》、《楞伽經》等經，頗有論書的色彩，正像《那先比丘經》本為論書，也稱為經。由大眾部到大乘教的許多論書，多有採取經的名稱而託為佛說，論書的性質與經書不同，是值得注意的。

部派的小乘經典，在結尾時僅說明聞法者的歡喜奉行便止。大乘經典為使其廣為流布起見，經末往往有「囑累」菩薩、天神、王臣等的護持，並且強調受持、讀誦、解說、書寫等的功德。同時每說一經，輒用最上的字句來說明該經在佛法中地位之隆高。用最勝的形容，強調信奉及傳流的功德，乃是大乘經的第二特色。

小乘教以羅漢的解脫為目標，大乘教則以菩薩道的圓滿——成佛為目標。所以，菩薩之道，深廣無倫，其主要內容為：菩薩，發菩提心，行六波羅蜜多，歷十地而成佛。根據《大般若經》的三句話可以總括大乘教義：1.一切智智相應作意——一切智智即是無上菩提；2.大悲為上首——發大悲心以普濟眾生之苦；3.無所得為方便行——體證緣生空無我之義，忘我而為眾生服役，嚴淨國土。

根據《大日如來經》，也有三句話攝大乘教義：1.菩提心為因，2.大悲為根本，3.方便為究竟。

不過，切勿誤解「方便」的本義。以善巧的種種方法，達成便利眾生悟入佛智的任務，稱為方便。所以絕不可釋作「隨便」。

第九章　龍樹系的大乘佛教及其後的經典

第一節　龍樹菩薩

大乘思想的分系法　從整個的佛法而言，本是一味的；從發展的趨向而言，便不能無別。由思想的承上啟下而論，日本的荻原雲來，以為可分作兩大系統，茲列表如下（參考呂澂編譯的《印度佛教史略》及《現代佛學大系》第二十三冊：九十五頁）

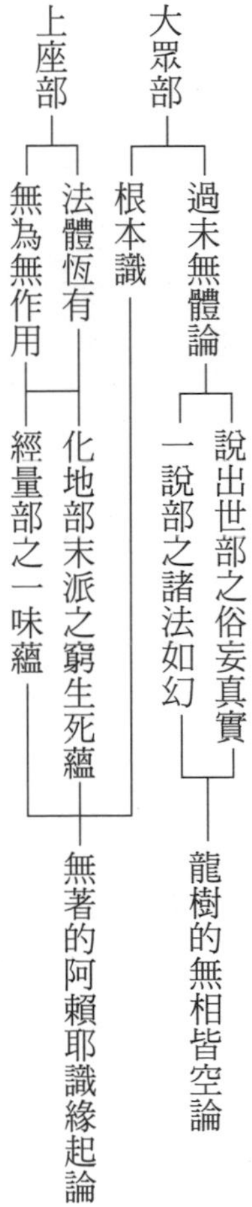

但在實際上，大乘佛教尚有淨心緣起的一系，因此，我國的太虛大師，經過三期的改進而分大乘為三系。初以1.空慧宗攝三論，2.唯識宗攝唯識及戒律，3.真如宗攝禪那、天台、賢首、真如、淨土。（《太虛全書》三三一頁）

到了西元一九四〇年，太虛大師又將三系改為1.法性空慧宗，以法空般若為宗，2.法相唯識宗，以唯識法相為本，3.法界圓覺宗，包括法性及法相二宗，以盡一切法為界，而為任何一法所不能超越，華嚴（賢首）、法華（天台）、淨土、真如等，無不盡入此第三宗的範圍。（《太虛全書》五二三—五二五頁）

這是站在佛法原本一味的立場而開出「法界圓覺宗」以圓融一切佛法的。實際上，原始的根本佛教固屬一味，但發展後的枝末佛教，能否仍是一味而圓融得來，似有很大的疑問。雖然太虛大師是受了天台及賢首「所判圓教，亦皆依佛智境界而闡說」的影響，才設立了法界圓覺宗以取代圓教的地位。可是，天台及賢首的判教法仍有待商榷，此到中國佛教史中再討論。

因此，近人印順法師，根據佛教的發展過程及其思想體系，將印度大乘佛教分為三大流：1.性空唯名論，是以龍樹為首的初期大乘，2.虛妄唯識論，是以無著為首的中期大乘，3.真常唯心論，是以佛梵綜合的後期大乘。（參閱印順法師所著

《印度之佛教》及《成佛之道》）

因要介紹龍樹教系的大乘佛教，故將大乘的分系說首先介紹如上。

龍樹傳略　在印度佛教史上被譽為第二釋迦的龍樹（Nāgārjuna），可譯為龍猛或龍勝，據《龍樹菩薩傳》末所說：「其母樹下生之」，「以龍成其道」，「號曰龍樹」。

龍樹的傳記有異說多種，現舉三種如下：

（一）羅什譯的《龍樹菩薩傳》（《大正藏》五十．一八四頁上—一八五頁中）：說他生於南印度婆羅門家，天聰奇悟，事不再告，先博學《吠陀》、術數、天文、地理、圖緯、祕讖。後與另三個契友，相率學隱身術，出入王宮，淫亂宮中美女，達百餘日，嗣後事敗，三友被殺而龍樹僅以身免，因而體悟「欲為苦本，眾禍之根」，遂入佛教出家。先學小乘三藏，次於雪山塔中老比丘處受大乘經典，因其未得實義而起慢心，故有大龍菩薩見而憐憫，接他入海，在龍宮九十天，讀諸方等深奧經典而體得實利。於是回到南印大弘法化，摧破外道，從事著述。當他教化了南印的國王之後，知有一位小乘法師對他忿嫉，他便退入閑室，蟬蛻而去。

（二）西藏布頓（Bu-ston）的《佛教史》所傳：龍樹生於韋陀爾卜

（Vidarbha，今之貝拉爾〔Berar〕），出家於那爛陀，就學於沙羅訶（Saraha）婆羅門，以及長老羅睺羅跋陀羅（Rāhulabhadra），後在龍（Nāga）國得《十萬頌般若》。遂到東方的派吐韋沙（Pataveśa）及北方的拘樓（Kuru）等地遊歷，建造寺院，從事著作。最後受一位國王的嗣子沙克帝瑪（Śaktimat）之請，自刎而化。

（三）《大唐西域記》卷十（《大正藏》五十一．九二九頁上—九三〇頁上）所說：龍樹受到憍薩羅國之王，娑多婆訶（Sātavahana，引正）的皈信，為龍樹於跋邏末耆釐（Bhramara-giri，黑峰），鑿山建築伽藍，極盡莊嚴，功猶未半，府庫已因之空虛，龍樹即用藥物，滴石成金，濟成勝業。又因龍樹善閑藥術，餐餌養生，壽年數百，引正王亦得妙藥而壽亦數百，他的嗣子看看繼承王位，遙遙無期，因此向龍樹菩薩乞頭，龍樹自刎壽終，王亦哀痛而死。

以上第一及第三說，頗有演義性質，未必盡為史實，但也確有某程度史實存在其中。大致上說，龍樹出生於南印，先受案達羅大眾部的感化，次在有部出家，進而受《般若經》及《華嚴經》的影響而弘大乘，他雖遊歷全印度，他的活動則以南印為主，由於感化南印一位原來信奉外道的國王皈佛，大乘佛教乃得盛行。關於龍樹的年代，異說甚多，大致推定在西元一五〇至二五〇年之際，已為近世學者的多數公認。

龍樹的主要著述　龍樹菩薩是大乘的第一位偉大論師，一般傳說他享壽百二、三十之高齡，著有大量的論典。日本《大正新脩大藏經》收有龍樹著作二十五部，《西藏大藏經》收有龍樹著作百二十五部。因為龍樹之名太大，所以其中不免兼收有同名別師的著作，以及後人託名的著作。其主要而可靠的，約有如下數種：

（一）《中論頌》（*Madhyamaka-kārikā*）。

有關《中論頌》的釋論，有如下數種：

1. 無畏注——一說為龍樹自撰，僅西藏有譯本。
2. 青目注——此即羅什所譯的《中論》，梵文、藏文已無存。
3. 佛護注——西藏譯為《根本中疏》。
4. 清辨注——即是漢譯及西藏譯的《般若燈論釋》。
5. 月稱注——即是梵文及西藏譯的《明句論》（*Prasannapadā*）。
6. 安慧注——即是漢譯的《大乘中觀釋論》九卷。

（二）《十二門論》（一卷）。羅什譯，現尚未見梵、藏本。

（三）《七十空性論》。西藏譯。（以上三種為破小揚大之作）

（四）《迴諍論》（一卷）。毘目智仙、瞿曇流支共譯，現亦存有梵、藏本。

（五）《六十如理論》（一卷）。施護譯，西藏亦有譯本。

（六）《廣破經》、《廣破論》。也有西藏譯本。（以上三種以破外道的正理派為主）

（七）《大智度論》（百卷）。羅什譯，係為《大般若經》第二會即《大品般若》（二萬五千頌）的釋論。西藏未傳。

（八）《十住毘婆沙論》（十七卷）。羅什譯，係為華嚴《十地經》的釋論，唯其僅譯出初地及二地部分。梵本已不存，西藏亦未傳。（以上兩種為兩部主要大乘經的釋論）

（九）《大乘二十頌論》。施護譯。西藏也有譯本。（此為獨立的短論）

（一〇）《因緣心論頌》、《因緣心論釋》（一卷）。失譯。西藏也有譯本。（此為敦煌發現的小論）

（一一）《菩提資糧論頌》（六卷）。自在作釋，並與達摩笈多譯出。

（一二）《寶行王正論》（一卷）。真諦譯。西藏亦有譯本。此乃為梵文《寶鬘論》之一部。

（一三）《龍樹菩薩勸誡王頌》（一卷）。義淨譯，另有異譯二種。西藏也有譯本，梵本已無存。（以上三種為討論修持問題以及佛教對於政治的看法）

其中最主要的，則為《中論》、《大智度論》、《十住毘婆沙論》。《中論》闡發緣起性空的深義，揭示生死解脫的根本，為三乘共由之門；《大智度論》採中道立場以顯不共般若；《十住毘婆沙論》以深遠之見而暢發菩薩之大行。

龍樹的思想　相傳龍樹享有高壽，在他一生之中，從事著作的時間很長。人的思想，尤其是一個大思想家，思想的幅度會隨著年齡及環境的不同而有伸縮變動，所以，我們由龍樹的全部著作來看，不能不說他的思想內容是複雜的，甚至是有自相矛盾的。

因此，有人為龍樹思想的不能自相統一，說有三點理由：1.著作的時間有先後。2.著作的對象因了大乘、小乘、外道的異執不同而各有異說的方便。3.著作的對象為了誘導不同時地階層的群眾而用各種方便的異說。

對於外道及小乘而言，當他面對外道時，站在佛教的立場，他固弘揚大乘，卻也同樣要給小乘地位，小乘確比外道強。因此，他雖在大乘的立場時，要批評小乘，站在應付外道的立場時，同樣也要利用小乘的經、律、論了。

可是，龍樹雖以般若空義為他的大乘教的重心，當他面對小乘之時，他便站在全部大乘的立場，即使是淨土教系的聖典，他也不予忽略，他以為任一大乘思想，也比小乘為佳。

當龍樹菩薩面對眾生的接引而著作時，為了適應各類的根性，設教便不能不有差別，以《十住毘婆沙論》為例：在教化的契機上，有時他用（大、中、小）三乘的分類，有時又用大、中（獨覺）、小（聲聞）、人、天五乘的分類。至於《大智度論》，包羅了種種的解釋、傳說、譬喻、人名、地名、部派名、經典名，無異一部佛教百科全書。

龍樹乃是總括了他所見到的一切佛教思想，以大乘為中心而予以高下不等的地位，從四方八面來發揮。這樣說明龍樹思想的龐雜，大概是正確的。也正因為如此，龍樹的招牌，可被各種立場的後世佛子所採用，龍樹之被仰為八宗、九宗的開祖，原因即在於此。

龍樹的立場　根據學者們的研究，龍樹雖有多方面的思想意趣，他的主要立場，卻在《中論》的主張，《中論》成於他的壯年時代，故有一股充沛的力量。《中論》有五百頌，分作二十七品，但是，它的主要思想，即在於〈八不偈〉，或加上〈三諦偈〉，若理解了〈八不偈〉，其他的從開頭的〈因緣品〉到最後的〈邪見品〉，就可順著此一原理而貫通下去了。現在對此兩偈略加介紹：

（一）〈八不偈〉：「不生亦不滅，不常亦不斷，不一亦不異，不來亦不出。」這是第一品的第一頌。（《大正藏》三十．一頁中）

在《般若經》，雖已觀破五蘊、十八界、十二因緣的一切是空，但那主要是從實踐的立場說話，尚未進到理論的立場。龍樹的《中論》，便是把般若的真空說，進一步在辯證的論理上建立起來。

八不是基於緣起法的本質而說，緣起法的本質是空，空即無礙，不落空、有即為中道，《中論》之名即是以其闡明中道而得。一般人觀察世界的狀態，皆用生滅、常斷、一異、來出（即來去）做為固定的觀念，故有凡夫的我執，外道的常見及斷見，小乘的法執生起。可是在緣起的尺度下，觀察世界的真相，乃是既不生起亦不消滅；既非常有亦非斷絕；既不能說是統一的亦不能說是差異的；既無新造出來的亦無還去本處的。一般教外學者，誤將此等說法解為詭辯、解為無是無非論、解為似是而非論，實則是他們未能明白佛教所講的中道觀，乃是基於緣起法的第一義諦上，透視世界的真相，它既空無自性可得；然而從俗諦上看，依舊照著緣生緣滅的軌則而存在。若執此緣起幻有的世界為實在或虛無，便落於凡夫外道的境界；若以緣起之世界雖為幻有不實，但以觀緣起法而入涅槃境則為實在，那便落於小乘境界。這到中國的天台家，便說凡夫外道執俗（假）諦，小乘聖者執真（空）諦，大乘聖者則否定真、俗二諦而立於中諦的立場。唯有立於中諦者，才能入生死而不為生死所纏繞；入涅槃而不放棄對於眾生的救濟。

（二）〈三諦偈〉：「眾因緣生法，我說即是無，亦為是假名，亦是中道義。」這是《中論．觀四諦品》第二十四的第十八頌（《大正藏》三十．三十三頁中）。按此偈末句「亦是中道義」，如依藏文重譯，則為「斯是中道義」，表示即空即假即是中道義，而不另立中諦，正與中國三論宗只說二諦相合。

其實，在《中論》的本義，並未將此偈分作三諦，乃是即以眾因緣所生之一切法，為空、為假、為中。緣起無自性，所以是空；為了引導眾生，又不得不說種種的法，這些法既無自性，所以是假名而說。假名之法，即是世俗諦。小乘人基於對緣起法觀察的結果，是空；此空，仍是由第二義（世俗）諦相對而起，所以不算徹底，唯有將此空的觀念也一掃而空，才是大乘的第一義諦，也就是不落空、有兩邊的中道。

因此，到了中國的天台家，便引用此偈而成立了空、假、中的三諦說。但是，三諦之說，未必恰如龍樹的本義，龍樹未嘗立有三諦，這在他晚年撰著的《大智度論》卷三十八（《大正藏》二十五．三三六頁中—下）所說：「佛法中有二諦，一者世諦，二者第一義諦；為世諦故，說有眾生，為第一義諦故，說眾生無所有。」可以證明。

同時即在《中論．觀四諦品》中也說到：「諸佛依二諦，為眾生說法，一以世俗諦，二第一義諦。」（《大正藏》三十．三十二頁下）《中論》的中，乃是掃除了空、有二邊的畢竟空，稱龍樹中觀之學為空宗的道理，亦即在此。

第二節　龍樹的後繼者

提婆傳略　在龍樹的弟子中，提婆（Āryadeva，聖天，西元一七〇至二七〇年間之人）是最傑出的一位。根據《提婆菩薩傳》（《大正藏》五十．一八六頁下—一八八頁上）的記載，他出身於南印的婆羅門家，但他智慧拔群，當時有一用黃金鑄造身長二丈的大自在天像，神靈異常，但不許人見，人有見者亦不敢正視，提婆卻非要一見不可，見到金像對他搖動兩眼而怒目視之，提婆即沿梯而上，鑿出左眼，後來他自己也挖一左眼，施自在天，因他只剩下一隻右眼，所以時人又稱他為迦那提婆（Kāṇ-deva）。由於此一因緣，他便捨外道入佛教，從龍樹菩薩出家受法，周遊揚化。

如同龍樹一樣，提婆也感化了一位本來信奉外道的國王，又以辯論的方式，摧破了外道，三月之間，度百餘萬人。有一外道的弟子，因其師遭提婆論破，懷忿在心，誓言：「汝以口勝伏我，我當以刀勝伏汝；汝以空刀困我，我以實刀困汝。」於是，有一天，提婆菩薩正在閑林經行，這個外道弟子便捉刀而至，並說：「汝以口破我師，何如我以刀破汝腹！」

偉大的提婆菩薩，雖已腹破而五臟落地，但仍哀憫此一兇手的愚癡，告訴他說：「吾有三衣鉢盂，在吾住處，汝可取之，急上山去，勿就平道。我諸弟子未得法忍者，必當捉汝，或當相得送汝於官。」

當弟子們趕到現場，有些未得法忍的人，便大哭大叫，狂突奔走，要追截兇手。提婆菩薩反而藉此機緣向弟子們開示：「諸法之實，實無受者，亦無害者，誰親誰怨，誰賊誰害？汝為癡毒所欺，妄生著見而大號咷，種不善業。彼人所害，害諸業報，非害我也。汝等思之，慎無以狂追狂，以哀悲哀也。」告誡完畢，他便放身蟬蛻而去。

所謂菩薩的心行，必當如此，才算真菩薩；學佛觀空，必當如此，才算真受用；殉道者的精神，必當如此，才算真佛子。偉大的提婆菩薩，真是菩薩道的實踐者了。

提婆的著述　提婆的傳記，另有布頓的《佛教史》，說他是執師子（Simhala，錫蘭）人，受學於龍樹，曾在那爛陀教化摩咥里制吒，作有許多的論書。在多羅那他的《印度佛教史》中，則說提婆在晚年時，自那爛陀去到南印度，於香至國（Kāñci，今之 Conjeveram）附近的蘭伽那達（Ranganātha），付法給羅睺羅跋陀羅，遂示寂。

因此，有關提婆菩薩的確實傳記，至今尚不完全明瞭。他的著述，在日本《大正新脩大藏經》中，收有六部；《西藏大藏經》中，收有九部，被認為主要而確係出於提婆之手的，則有如下的三部：

（一）《四百論》。西藏全譯，梵文現存有斷片。玄奘漢譯的《大乘廣百論本》，相當於《四百論》後半的二百偈。

（二）《百論》（二卷）。羅什譯。

（三）《百字論》（一卷）。菩提流支譯。西藏亦有譯本。

這些論書，是採用龍樹《中論頌》的論法，以破斥外道及小乘的教義為立場。後來的人，則繼承此一方針，而形成中觀派。

羅睺羅跋陀羅　龍樹之師，叫作羅睺羅跋陀羅（Rāhulabhadra），在《大智度論》卷十八，引用的〈讚般若偈〉，證明係此人所作。提婆的弟子，也名羅睺羅跋陀羅，究係同名異時的兩人，抑係一人而被誤傳為兩個，尚未完全明瞭。不過，羅睺羅跋陀羅尚作有《法華經讚》，以及《中論》初品之釋。能為《中論》作釋，似為龍樹以後的人了，老師為弟子的著述作釋的，畢竟是不尋常的。近人推定他是西元二至三百年間的人。

羅睺羅跋陀羅以後，有婆藪、青目。青目（Pingala，照字義，應譯為黃目）作有《中論釋》，羅什所譯的《中論》，實即是青目菩薩的釋論；他大概是羅什來華以前的人了，至少也是西元三、四百年間的人。婆藪著有提婆的《百論本頌釋》。次有堅意，年代不詳，他作的《入大乘論》二卷，為我國北涼道泰等譯出，那麼，他大約是青目同時代的人罷？

中觀派　龍樹的性空學，自提婆以後，曾一度衰微，到世親時（西元三二〇—四〇〇年），有龍友（Nāgamitra）的弟子僧護（Saṅgharakṣita），起而弘揚龍樹之學，然以其未見龍樹的大論，僅以《中論》及《百論頌》為弘通，故未見浹意。然到中印從僧護受學的，有佛護、清辨、解脫軍三人。三人中，以佛護、清辨二人較著。龍樹時代以來，並未成立何種學派，到清辨時，由於世親的弟子安慧作《中論釋》，以所謂佛的隱密意解釋唯識學（以為龍樹的一切皆空論，乃佛的密意說，所以只說到三無性，唯識學則同時立三自性），清辨以其有違龍樹的本義，所以起而反擊，自此而啟空、有之爭端。同時，清辨與佛護的見解，也不相投。他們同樣站在論破異執的性空學的立場，佛護的論議法是從對方立論之中，找出其矛盾性，由各方面指責對方自相矛盾而證明其不能成立，破邪即所以顯正，並不進而說出自己的主張是什麼，所以此派稱為「必過性空派」或「具緣派」（Prāsaṅgika）。清辨的議論法，乃是建立了自己獨特的論式，進而論破對方的立論，所以稱為「自意立宗派」或「依自起派」（Svātantrika）。

我們所說的中觀學派，即由佛護、清辨而成立。同時，中觀派成立之後，即與密教發生了關係，例如弘化於南印的佛護、清辨，轉入密乘，中印的月稱、智藏、寂護、靜命、蓮華戒，無不學密。密教抬頭，空、有二系的大乘學者，終被融化於時代思潮之中。所以中觀派的最初成立，甚至可說是龍樹性空學的開始變化。

現列其三大流的系統如下：

- 僧護
  - 佛護——蓮華覺——月稱——寂天
  - 清辨——觀音禁——智光
  - 解脫軍——靜命
    - 師子賢
    - 蓮華戒

佛護及清辨　佛護（Buddhapālita，西元四七〇—五四〇年）是南印度咀婆羅國（Tambala）人，在南印羯陵伽之古都咀特弗利（Dantapuri）的伽藍，弘其所學。他為《中論》作的註疏，西藏現有其譯本。據說是依無畏的《中論釋》而作，傳至月稱（Candrakīrti，西元六〇〇—六五〇年）而大弘其說。月稱作有《中論》之註《明句論》，此書為各家《中論》註釋之中唯一現存的梵文本，所以極為珍貴；另作有釋提婆《四百論》的註，及西藏譯出的《入中論》。《入中論頌》，已有近人演培法師的講記刊行，讀者可以參閱。繼此系統而出的，有寂天（西元六五〇—七五〇年），作有《入菩提行論》、《集學論》、《集經論》，前二論現有梵、漢、藏三本，第三論在漢譯為《大乘寶要義論》。

清辨（Bhāviveka，西元四九〇—五七〇年），這是一位偉大的論師，常隨弟子有比丘千人，於性空學的復興，厥功甚偉。他是南印摩羅耶嚩（Malyara）王族出身。學成後回南印，領導五十餘所伽藍。他雖作論批駁佛護之說，主要的論戰對象，乃是無著系的唯識學家。據《大唐西域記》卷十載，其曾赴摩揭陀，要找唯識系的大論師護法，當面辯論而未果。清辨事事依乎因明而與重視因明論法的唯識學者論難，因明學即因此而成了空、有兩宗共許並攻的顯學，論風之盛，極於一時。可惜的是，自清辨以下，論戰的對象是教內的問題，而不是對付外道的邪說了。

清辨作有《般若燈論》、《大乘掌珍論》、《中觀心論頌》、《異部宗精釋》；第一種有漢、藏兩種譯本，第二種僅有漢譯，三、四兩種僅有藏譯。清辨的弟子觀音禁，作有《般若燈論》之釋。月稱依佛護之流而反駁清辨。智光（Jñānaprabh）與月稱同時，又據清辨之說而反對月稱。唯識家與中觀派論戰，中觀的兩派又互相論戰，情勢有似小乘部派佛教之末期，論書愈多，異執愈盛。

月稱及諸論師　月稱在印度佛教史上，有頗高的地位，當他主持那爛陀寺之際，安慧系的唯識學者月宮（Candragomin），特來寺中辯論，一主性空，一主唯識，往復辯難，歷七年而月稱獲勝，因而為性空系的學者所激賞無已。月稱下傳大明杜鵑、小明杜鵑，至阿底峽（Atīśa）而入西藏，作《菩提道燈論》，影響西藏的佛教也極深。

又據印順法師說：「月稱以先，雖有佛護、清辨諸家，性空猶和合無諍，彼此亦不自覺其有異。月稱獨契佛護，直標『此宗不共』之談，乃有『應成』、『自續』之諍也。」（印順法師《印度之佛教》第十六章第三節二九五頁）這是說中觀門內之諍是起於月稱，而把清辨駁斥佛護之見不算是性空系中的內諍。

在金山正好的《東亞佛教史》第十六章，則說月稱出而站在具緣派的立場，駁斥清辨的依自起派。依自起派又分裂為二：

（一）經量中觀依自起派：清辨、智藏（Jñānagarbha）屬之，智藏作有《二諦分別頌》、《解深密經彌勒品略疏》。

（二）瑜伽師中觀依自起派：寂護（Śāntarakṣita）、蓮華戒（Kamalaśīla）、解脫軍（Vimuktisena）、師子賢（Haribhadra）、覺吉祥智（Buddhaśrījñāna）等屬之。他們在清辨的依自起派之中加入了瑜伽行的學說，他們的論作中，富有佛教及外道在哲學方面的種種思想，方法很活潑。

寂護為西元七〇〇至七六〇年間人，學於那爛陀寺，後與蓮華生同去西藏，著有《真理集要》。

蓮華戒，約為西元七三〇至八〇〇年間人，著有《金剛般若經廣註》、《菩提心觀釋》、《廣釋菩提心論》等。

師子賢，約為西元第八世紀人，作有彌勒造的《現觀莊嚴論》釋、《現觀莊嚴明般若波羅蜜多釋》等。可是《現觀莊嚴論》為彌勒之論，舊來未聞此說，然於波羅王朝之時，性空者融於真常唯心而大盛，《現觀莊嚴論》乃被視為彌勒五大部之一。西藏盛行真常唯心的密教，《現觀莊嚴論》亦風行於西藏。在此須有說明：為彌勒此論作釋的，最早是學於僧護之門的解脫軍，解脫軍次第傳於小解脫軍——勝軍——調伏軍——靜命——師子賢及蓮華戒而大昌。

第三節　龍樹以後的大乘經典

中期大乘　從龍樹後至無著及世親等時代的大乘佛教，通稱為中期，密教盛行時則為後期大乘。何以會有中期及後期的開出，可說是時代及環境使然，尤其是大乘經典的陸續完成了結集的任務，而予佛教的學者們以思想上的啟發。

根據木村泰賢《大乘佛教思想論》第一篇第四章第一節而言，中期大乘經典的結集，是為要完成龍樹時代所留下的三個任務：

（一）關於真空妙有最終根據之說明的不足。

（二）一切眾生成佛的心理及其理論根據之說明的不足。

（三）關於佛陀論尚未完全，尤其是法身觀尚未完成。

發揮這三個意義的中期大乘聖典，可謂很多，其主要的，就是《如來藏經》、《不增不減經》、《大法鼓經》、《勝鬘經》、《無上依經》、《大乘涅槃經》、《解深密經》、《入楞伽經》，以及我國未曾譯出的《大乘阿毘達磨經》。現在介紹其中最受我國重視的數種如下：

《勝鬘經》　此即是《勝鬘師子吼一乘大方便方廣經》。有兩種漢譯本：一為劉宋求那跋陀羅譯於西元四三六年，一為菩提流支譯於西元五〇三至五三五年之間。

此經在我國南北朝時代，流傳極廣。是以勝鬘夫人為人物的中心，以闡說十大受、三大願為始，而來處理攝受正法、三乘方便、一乘真實，以及如來藏等的問題。如來藏的闡說，則是《如來藏經》、《不增不減經》、《無上依經》所共說。

據印順法師《勝鬘夫人師子吼經講記》的〈懸論〉中說，本經有三大意義：

（一）約人而言，是平等義：本經主張三點平等：1.出家與在家的平等。2.男子與女人的平等。3.老年與少年的平等。

（二）約法而言，是究竟義：本經有三方面的究竟：1.如來的功德究竟，不論從哪方面看，唯如來的常住功德，才是究竟的。2.如來的境智究竟，境是佛所證悟的諸法實相，智是佛陀用來證悟諸法實相的平等大慧；從佛的無量無邊功德中，統攝為境與智，均超越二乘而圓滿究竟。3.如來的因依究竟，如來的「因依」，便是經中說的如來藏，即是佛性；人人有如來藏，故人人皆可成佛；從如來究竟的境智，推求此究竟境智的根源，便指出了如來究竟所依的如來藏。如來依如來藏之因，而成究竟如來之果；果已究竟，故其因亦究竟了。

（三）約人與法的相關而言，是攝受義：此即是攝受正法，就是接受佛法、領受佛法，使佛法成為學佛者自己的佛法，達到自己與佛法合一的目的。

此經主要是在發揮如來藏的思想，此說係根據《華嚴經》的三界唯心之「心」

的系統而發展成功。如來藏，即是佛性、自體、法身藏、法界藏、出世間上上藏、自性清淨藏，這是如來的境界、是涅槃、是常樂我淨。即所謂「如來藏中藏如來」，人人皆有如來之藏，藏有自體清淨的如來，只因為客塵（外緣）的煩惱所染汙而現出種種非清淨的雜染相。這就是真空之中所顯的妙有；佛教本不主張有我，此則在一切皆空之後，所顯的本體真常、唯心清淨的「我」。《大乘起信論》所稱「如實空境」、「如實不空境」，即由此來；因客塵煩惱而現的雜染相是如實空的，自體清淨的如來藏是如實不空的。

《涅槃經》 大乘的《涅槃經》，乃由《長阿含經》的《遊行經》發展而來。對大乘而言，《遊行經》是小乘《涅槃經》；《遊行經》是以釋尊晚年的言行為主要的紀錄，大乘《涅槃經》則不以事實的記述為中心，而以發揮其一定的教理為目的。

大乘《涅槃經》的成立，大約是西元二百至三百年間，近世學者並推測它最先出現的地方是北印度，是繼承般若、法華、華嚴等的思想，藉著小乘《涅槃經》的形式而完成。

在中國有兩種譯本：一為曇無讖譯的四十卷本《大般涅槃經》，稱為北本；

一為慧嚴將北本修正為三十六卷本的《大般涅槃經》，稱為南本。此二種的內容相同，僅在品名及分章上做了修改。此經的梵本現已無存，西藏本亦係譯自漢文本。唯在中亞地區及日本高野山，各發現了一葉的梵文斷片。

大乘《涅槃經》的思想，乃是以《般若經》之「空」，以及大眾部的「心性本淨說」及「一音說法說」的教理，加上《法華經》的「會三歸一」說，予以發展而成。

從本經特有的教義而言，約有三點：

（一）法身常住：在《法華經》，將一切眾生成佛的可能性，求諸過去世的教化熏習，而對佛壽無量的根據，也說是過去久遠前所成的佛，尚未進至即內心而證明佛壽無量，這可算仍是歷史性的佛壽常住；到了《涅槃經》，則一轉歷史的佛陀，成為法身常住。即是說：釋迦佛是為應化人間而垂迹的化身佛，但他的本性是和生死無關的，本性即是法身佛；垂迹應化的色身，與本性的法身有別，法身是常住不變的本體，乃是無限永恆的大我。此乃即以色身佛的內心而證明佛壽無量。

（二）一切眾生皆有佛性：佛的色身既與法身非一非二，法身的垂迹應化即是色身。此一法身的性能，既是常住不變無限永恆的大我，那麼，一切眾生具有此大我，從本體上看，佛與眾生，平等平等。假如沒有平等的法身，眾生修學佛法也不能成佛；此一成佛的可能性，在佛稱為法身常住，在眾生即稱為佛性本具。

（三）一闡提可以成佛：所謂一闡提（Icchantika），《涅槃經》對於它的解釋為：不信佛法的人，斷諸善根、不信因果業報、不親善友的人。這種人據《涅槃經》看，眾生皆有佛性，一闡提當然也有佛性。既有佛性，即是法身常住，終究必當有接受佛法的開發而完成那佛性之圓淨的機會，所以一闡提也可成佛。

《解深密經》 以上《勝鬘經》、《涅槃經》所說的如來藏（佛性、法身），是為適應所謂「向上門」的要求而來。但是，基於這個立場而把雜染世界，給予說明的，雖有《般若經》、《華嚴經》、《維摩經》，認為三界一切所有，皆由於心的發動；亦即由於無明而有虛妄的世界顯現，由於心的清淨而有淨土的顯現。但這說明太簡單了，《解深密經》就起來做了個更進一步的說明。本經在所謂無明住地，承認無意識的根本無明（心不相應的無明）；在淨識方面，也承認佛性、如來藏。但是，無明與淨識的關係怎樣？又怎樣的配合而開展出怎樣的世界呢？由於對這些問題的考察，就成立了所謂唯識的佛教，這部《解深密經》，便是唯識佛教的先驅。

本經在中國，有菩提流支譯的《解深密經》五卷，玄奘譯的《解深密經》五卷，以及求那跋陀羅所譯第七、第八兩品。近代在梵文及西藏方面，則未發現。本經最早出現的是第二至第五品，加入第六品後全經應該已完成，但在後來又加上了第一序品及第七、第八的兩品，便是現在的《解深密經》了。

本經是一部論書性質的聖典，它的特色雖有很多，但其主要的，則有如下的三點：

（一）阿賴耶識的思想：在龍樹，尚未有第七識的觀念，其後，承認在六識之內部，有如來藏等，把如來藏等改進為構成現實世界之原理，便成立了《解深密經》的阿賴耶識（ālaya-vijñāna，藏識）或阿陀那識（ādāna-vijñāna，執持識），以此做為第七識而來擔任眾生輪迴生死之中的主體，以後把阿賴耶識名為第八識，阿陀那識名為第七識，但在《解深密經》尚未做此區分。這雖由如來藏或佛性的發達而成立，然其遠因在大眾部的根本識，犢子部的非即非離蘊我，經部的色心互熏、種子說、細意識、一味蘊，化地部的窮生死蘊，已經建立了此第七識的基礎。

至於此第七識的性質如何？本經的解釋是：「阿陀那識甚深細，我於凡愚不開演，一切種子如瀑流，恐彼（凡夫）分別執為我。」又解釋其名稱說：「此識亦名阿陀那識，何以故？由此識於身隨逐執持故。亦名阿賴耶識，何以故？由此識於身攝受、藏隱、同安危義故。亦名為心，何以故？由此識，色聲香味觸等，積集滋長故。」（《大正藏》十六・六九二頁中—下）

（二）三相三無性說的生起：這是為了適應阿賴耶識的確立而生起。

三相即是：1.遍計所執相——此即是錯覺或幻覺。2.依他起相——此即是說因緣所生之法，其中含有從常識世界到科學世界的現象，一切均係依他之緣而生起之相狀。3.圓成實相——此即是諸法平等的真如實相。

三無性即是：將以上的三相，歸著於根本，都不離心。1.遍計所執相是心的表象，沒有特別的自性存在，此稱為相無自性。2.依他起相是因緣生法，因緣的總管也是心，故亦沒有特殊的自性，此稱為生無自性。3.圓成實相是清淨心所緣，同樣是離心即無其自性，此稱為勝義無自性。

（三）三時了未了說的提出：這是對於思想判釋的方法。本經認為，佛陀始對小乘人說四諦法，是未了義（不究竟）說；次對菩薩說諸法無自性，不生亦不滅，也是未了義說；本經說三相三無性，始為了義之說。本經對三乘佛法以了義未了義來判釋的方法，給予後世教判思想的影響很大。

《入楞伽經》　《入楞伽經》（*Laṅkāvatāra Sūtra*），簡稱《楞伽經》，梵文本現今尚存，漢譯有三種：1.劉宋求那跋陀羅譯於西元四四三年的《楞伽阿跋多羅寶經》四卷，2.元魏菩提流支譯於西元五一三年的《入楞伽經》十卷，3.李唐實叉難陀譯於西元七〇〇年的《大乘入楞伽經》七卷。所以本經在研究上有很完整的材料，但其內容雜亂，欲在其全體上捕捉它的旨趣，頗有困難。

若從本經之思想而言，其主要觀念是在說明五法、三自性、八識、二無我。《解深密經》是乘著如來藏的思潮而起，本經則利用此一思潮再回到如來藏，在決定其理想目的之同時，往下說明如來藏的現實面。

在本經中，到處反覆地說明五法、三自性、八識、二無我。用此以釋人生宇宙的現象及本體。現在略介如下：

（一）五法：此在《瑜伽師地論》、《顯揚聖教論》、《成唯識論》、《佛性論》等均有說到。即是：1.名——事物的名稱。2.相——由名而浮起的想像。3.分別——對名與相的判斷。4.正智——是看破名相為非實的智慧。5.如如——做為智慧對象的平等真如。此五法是舉迷界的主觀（分別）客觀（名、相），及悟界的主觀（正智）客觀（如如），而打破迷界以進入悟界的經過，分作五個階段來考察之意。

（二）三自性：此在《解深密經》的三無性已說到，即是：1.遍計執性——妄分別性，2.依他起性——緣起性，3.圓成實性——真實性。本經對此三性的用途是在攝取前舉之五法：名、相，相當於遍計執性；分別，相當於依他起性；正智、如如，相當於圓成實性。

（三）八識：本經以《解深密經》的第七阿賴耶識為第八識，在第八識下，另立第七末那識（manas，意識），再加自原始佛教以來的前六識。然而，本經的八識論，雖比《解深密經》多了一層整理的工作，但其尚有很不消化之處，使人難以捕捉其適確意義的地方還很多。自古以來，各家對本經生起多種異解，原因即在於此。若總括來說，第八識的活動，是由前七識的分別而起，在第八識的本身並無自性，一切不外乎識海的波浪而已，這是本經的唯識觀。如何止息這個識海的波浪？接著講二無我。

（四）二無我：即是人空及法空。因為本經對於八個識均立有真相、業相、轉相之三相，其中真的本體，則是第八識的真相。前七識與第八識的業相、轉相，可由修行之力，特別是用人、法二空之觀法而消滅。消滅了這業相、轉相的當體，便是識海波浪的停止；它可叫作如來藏、真如、涅槃、法身、空、無垢識，乃是不生不滅、清淨無垢的當體。因此，本經是調和了如來藏思想與阿賴耶識思想，承認第八阿賴耶識含有淨與不淨兩方面的內容；從不淨方面，生起分別妄幻的現象界；從淨的方面又確立了法身、涅槃、真如的平等實體界。這與《大乘起信論》的「一心二門」的思想，是很相近了。

真常唯心　根據印順法師的意見（《印度之佛教》第十五章），《楞伽經》與《大乘起信論》的關係特深，《大乘起信論》所用之名相同《楞伽經》而義則異，乃為多數古人已知的事實。《大乘起信論》的心、意、識三者，與《楞伽經》的三相三識，可以對照相攝。因此，《大乘起信論》之不出馬鳴所造，不勞再辨。

印師又指出，《如來藏經》、《法鼓經》、《大涅槃經》、《勝鬘經》、《不增不減經》、《無上依經》、《楞伽經》、《密嚴經》、《圓覺經》等經，皆屬真常唯心的聖典。後期的密典，十、九亦屬真常唯心。可見，中期以後的大乘經典，多可納入真常一系了。

印師又稱，所謂真常心，它的名目可有很多，法性、如來藏、圓覺、常住真心、佛性、菩提心、大涅槃、法身、空性。此等，在真常論者並視為一事。

真常思想，確有原始聖典的暗示，例如佛說羅漢離欲，不復有變悔熱惱之情；或者化為「無煩無熱，常住不變」。在《央掘摩羅經》佛陀自稱「我常住大悲」。

至於真常唯心，乃是糅合了真常空及真常心而成立。此常我之論，乃係內本宗教經驗所見而外依佛說。固由原始佛教開出，卻不能說與印度其他學派及宗教的影響無涉。

本書不擬另章介紹真常唯心的問題，但此確是一個重要論題，所以在本節之末，略述數語如上。

第十章　無著系的大乘佛教

第一節　無著菩薩

時代的要求　上一章所舉的中期經典，有人說是西元二百至四百年間成立，並且，《大涅槃經》、《大法鼓經》，都說流行於南方，《楞伽經》則以南海之濱為其說法地。因此可說，這些經典與《般若經》同屬於南印度所成立。但是這些經典的思想，與前期南方的大乘有相悖處，乃為事實。進而考察，《勝鬘經》以中印的阿踰陀（Ayodhyā）為中心，無著、世親出身於北印，特別是無著，卻以阿踰陀為中心而發展唯識大乘。阿踰陀是笈多王朝於第四世紀之末向此移都之地，所以又有人以為中期的大乘經典，可能是笈多王朝（西元四至六世紀）時的文化產物。

不論如何，當龍樹組織了大乘佛教，他的特色是破小乘而發揮大乘的優越性；到了無著，就把在教理方面開展到龍樹之上，同時也以小乘有部的繁瑣教理做基礎，而確立大乘佛教，乃是把小乘統合於大乘之內了。

義淨三藏留印時，在他的《南海寄歸內法傳》（《大正藏》五十四．二〇五頁下）之〈序〉中說：「所云大乘，無過二種：一則中觀，二乃瑜伽。中觀則俗有真空，體虛如幻；瑜伽則外無內有，事皆唯識。」中觀行於東南印，瑜伽則盛於中北印，這都是時代及環境有以助成的結果。

為何稱唯識大乘為「瑜伽」？這也與唯識學的環境及時代有關。凡是巧修止觀而有契入的，名為瑜伽師，為瑜伽師所依住的，名為瑜伽師地，即如安世高所譯《修行經》、《大道地經》，覺賢所譯《修行方便》，均係瑜伽師地梵語的別譯。

可知，瑜伽師就是禪師，禪師多有內證的境界，故有從禪出教的事實，即是本於內證經驗而立說。小乘說一切有部的學者特深於禪，初來中國傳禪數之學的，也以西北印系的學者為主。瑜伽學者既多有從禪而出之教，起而整理組織此等教說的大師，便是彌勒；據近代學者的考證，這位彌勒乃係第二位歷史的人物，且是薩婆多（一切有）部的學者。

彌勒與無著　彌勒（Maitreya，慈氏），我們在第八章第一及三節之中已經講到，他是兜率內院一生補處（最後生）的菩薩，是當來人間做佛的佛。

根據真諦所譯《婆藪槃豆法師傳》（《大正藏》五十．一八八頁上—下，即是世親或天親〔Vasubandhu〕傳）所說，無著（Asaṅga）三兄弟，是生於北印度富婁沙富羅國（Puruṣa-pura，今之白夏瓦）的婆羅門家，長兄無著、二弟世親、三弟比鄰持跋婆，都在有部出家。無著後來得到來自毘提訶（Videha）的阿羅漢賓頭羅之教化，而得小乘之空觀，但他仍不滿意，便用神通去兜率天，向彌勒菩薩受教大乘空觀及大乘經義，後來更把彌勒請來人間說法。因此，現傳是出於彌勒造的論書，其重要者有如下五部：

（一）《瑜伽師地論》（百卷）。玄奘漢譯。西藏譯出其中之一部分，卻說是無著所造。

（二）《大乘莊嚴經論頌》（一卷）。波羅頗蜜多羅譯，並存有梵文及西藏譯本。

（三）《辯中邊論頌》（一卷）。中國有真諦及玄奘兩譯本，並存有梵文及西藏譯本。

（四）《現觀莊嚴論頌》。存有梵文及西藏本，中國未譯。

（五）《能斷金剛般若波羅蜜多經論頌》（一卷）。有菩提流支及義淨兩種漢譯本。

可是，宇井伯壽認為彌勒是歷史上的人物（龍山真章《印度佛教史》第五章引），印順法師也贊成此說，而以為是薩婆多部的一位學者（印順法師著《印度之佛教》第十四章第二節）。木村泰賢則主張若要在歷史上承認彌勒是一位論師，還應有若干之研究；他以為暫時雖說是彌勒之著，但不外於無著之說，大概是安全的。（木村泰賢著《大乘佛教思想論》第一篇第五章第一節）

若從宗教經驗及宗教信仰而言，我們確有理由深信這位彌勒即是兜率天的慈氏菩薩，因為，瑜伽師的定中所見，絕不會是他們的妄語，瑜伽師以定中的神通上天請法或請彌勒下來說法，那是可以辦到的。

若從思想史的角度看，那麼，彌勒當是通過了瑜伽師們的定境所表現的身分，無著不過是瑜伽師中的傑出者及代表者，《婆藪槃豆法師傳》（《大正藏》五十．一八八頁下）中說無著「於薩婆多部出家後，修定得離欲」，可見他也是有部的瑜伽師無疑。又說大眾「雖同於一堂聽法，唯無著法師得近彌勒菩薩，餘人但得遙聞，夜共聽彌勒說法，晝時無著法師更為餘人解釋彌勒所說」。

若從人物史的資料考察，無著的先輩中，也確有一位彌勒論師：1. 姚秦時代有一位印度學者來華，讚譽羅什三藏為蔑帝利以來第一人。2.道安傳中有彌姤路刀利，與彌勒、眾護、婆須密，並稱為四大士。3.《薩婆多部記》目錄中說，三十五祖提婆、四十二祖摩帝麗，四十四祖婆修槃頭（世親）。4.《傳燈錄》之旁系，十祖為摩帝隸披羅，十二祖為世親。以上四例中的蔑帝利、彌勒、摩帝麗、摩帝隸披羅，同屬 Maitreya 一字的異譯，可見在提婆以後，世親以前，確有彌勒其人了。此一彌勒當是促成彌勒論書的重要人員之一，他也是當時的瑜伽師之一；全部的彌勒論書所代表的思想，乃是集合了許多瑜伽師的禪境所得而來；我們也可以承認，那是兜率天的彌勒所傳。這一學說的弘揚出來，乃是無著菩薩的功德。

無著及其著述　彌勒，大約是西元二七〇至三五〇年間的人，無著大約是西元三一〇至三九〇年間的人。當無著、世親弘揚大法之時，正是笈多王朝的盛世，約自沙姆陀羅笈多（Samudra-gupta，西元三三〇—三七九年）之末年，經旃陀羅笈多二世（Candra-gupta II，西元三八〇—四一四年）至鳩摩羅笈多（Kumāra-gupta，西元四一五—？年）接位，亦即是法顯西遊，羅什東來的前後。

無著除了以彌勒之名傳出的許多論書之外，以他自己的名而傳流的論書也不少，其重要的則有如下數種：

（一）《顯揚聖教論》（二十卷）。玄奘譯。

（二）《攝大乘論》（三卷）。有真諦、玄奘、佛陀扇多之三譯，西藏亦有譯本。

（三）《大乘阿毘達磨集論》（七卷）。玄奘譯。西藏亦有譯本。

（四）《金剛般若經論》（二卷）。達摩笈多譯。西藏亦有譯本。

（五）《順中論》（二卷）。般若流支譯。

（六）《大乘莊嚴經論》（十三卷）。波羅頗蜜多羅譯。現有梵文及藏文本。

其中初三種，正面闡述瑜伽派之意趣。第四種是揭示《金剛般若經》之意趣。《順中論》是《中論》的概說書。《大乘莊嚴經論》是基於彌勒的《瑜伽師地論》，解釋《大乘莊嚴經論頌》，以做為大乘佛教的概說書。

阿賴耶識　阿賴耶識是彌勒至無著的中心思想，現在根據《瑜伽師地論》中所說的，阿賴耶識有五種涵義：

（一）阿賴耶識依於兩種因素而活動：一是「了別」有分別的內在之執受心；二是「了別」無分別的外在之器世界。也就是維持內在身心的活動，以及了別外在器界的活動。

（二）阿賴耶識與作意、觸、受、想、思之五遍行心所相應。

（三）阿賴耶識與諸法有相互因果之關係：阿賴耶識又稱為種子識，藏種子而生一切法，種子即是顯現一切法之因，一切法是種子的現行，稱為「種子生現行」。這一作用在剎那生起而因果同時，阿賴耶識即是因，諸法即是果。由現行之諸法再熏習（影響）阿賴耶識，而成為積聚的種子，便稱為「現行生種子」。這一作用的場合，現行的諸法是因，積聚的種子是果。但在阿賴耶識的種子，既能生起現行，也能和其他的種子剎那相續彼此影響，而又生起新的種子，這是自類相續，稱為「種子生種子」。

（四）阿賴耶識與諸識俱轉：其他諸識中凡有一識或二識活動時，阿賴耶識的內含亦即隨即變動。

（五）阿賴耶識有雜染與還滅的兩面：在生死流轉中，它是一切雜染的根本；在證悟而入涅槃時，是還滅功能的所依。這是採取了如來藏的思想。

無著的《攝大乘論》　唯識學發源於彌勒的《瑜伽師地論》，到了無著的《攝大乘論》而大成。此論是無著晚年的作品，有獨特的組織。此論是《大乘阿毘達磨經》之〈攝大乘品〉的釋論，乃是無著思想的代表作。內容共分十章，說明十種殊勝，並述有大乘佛教真是佛說的意趣。十種殊勝相可分為境、行、果的三類。一及二是境殊勝，三至八是行殊勝，九及十是果殊勝。

所謂十種殊勝相的內容，大意如下：

（一）所知依：「阿賴耶識，說名所知依體」。一切所應知的法，都依於阿賴耶識而立。也就是說，阿賴耶識為三性（遍計執、依他起、圓成實）所依。對三性有兩種見解：1.遍計執及依他起是雜染，圓成實是清淨。2.遍計執是雜染，圓成實是清淨，依他起通於雜染和清淨之二邊。照第一見解說，阿賴耶是虛妄不實、雜染不淨；照第二見解說，阿賴耶既是虛妄雜染，也是真實清淨。無著側重在第一種見解，世親則兼談兩種。

（二）所知相：「三種自性，說名所知相體」。所知就是相，名為所知相。即是將一切所應知的法，分為三相來說明：1.依他起自性——是仗因托緣而生起的、可染可淨而不是一成不變的一切法。2.遍計所執自性——是指亂識（幻妄）所取的一切法，毫無實體，不過是一種自己的錯覺意境。3.圓成實自性——是指由人空及法空所顯的諸法之真實性。

（三）入所知相：「唯識性，說名入所知相體」。由修唯識觀而悟入唯識性，就是悟入所知相的真實性。唯識觀有兩種：1.初步的方便唯識觀——以唯識觀觀一切法的自性為虛妄分別，所以了不可得。2.進一步的真實唯識觀——觀察諸法之境不可得，虛妄分別的識也不可得，心境俱泯，即悟入平等法性（圓成實性）。本論的唯識觀雖通於真實境（地上），但重於從凡入聖（由加行分別智到根本無分別智）的唯識觀。

（四）彼入因果：「六波羅蜜多，說名彼入因果體」。彼入就是入彼，即是說，要悟入彼（那個）唯識的實性，必須修習六種波羅蜜多（布施、持戒、忍辱、精進、禪定、智慧）；尚未悟入唯識性時，所修者是因，證入唯識性以後，所修者即是果。

（五）彼因果修差別：「菩薩十地，說名彼因果修差別體」。進入初地以後的聖位菩薩，於十地中，仍是修習六波羅蜜多；地地增上，故說有十地差別。到佛果時，六波羅蜜多的修習，即告圓滿。

（六）修差別中增上戒：「菩薩律儀，說名此中增上戒體」。即是諸地之中菩薩所修的戒學，表明他們不是修的聲聞小乘戒，故稱菩薩律儀。地地修習、展轉、增加、向上，故名增上。

（七）增上心：「首楞伽摩，虛空藏等諸三摩地，說名此中增上心體」。此即是諸地菩薩所修的定學。定以心為主體，故稱增上心。首楞伽摩，義為健行，就是首楞嚴大定，此定境界很高，為十住菩薩所修。虛空藏也是定名，能含攝、能出生一切功德，所以名為虛空藏。

（八）增上慧：「無分別智，說名此中增上慧體」。此即菩薩所修的慧學。無分別智含有加行智、根本智、後得智三者。菩薩遠離一切法執分別，故此三智皆稱無分別智。

（九）彼果斷：「無住涅槃，說名彼果斷體」。彼果，就是修習那戒、定、慧三增上學所得的果。那果就是斷煩惱障及所知障而得的果，故稱果斷。無住涅槃是不住於生死也不離於生死之義。

（一〇）彼果智：「三種佛身，說名彼果智體」。上面所說的那個果，就是智，故名果智。從果的斷障寂滅而言，是無住大般涅槃；從果顯現的智慧而言，是圓滿的無分別智，亦即是八識轉為四智而成就三種佛身：1.第八識轉成大圓鏡智、第七識轉成平等性智，即是「自性身」佛。2.第六識轉成妙觀察智，即是「受用身」佛。3.前五識轉為成所作智，即是「變化身」佛。第一種身是常住的，二、三種身是無常的。由自性身現起的受用身，受用一切法樂（自受用），並為地上的聖位菩薩說法（他受用）；由自性身現起的變化身，則為聲聞說法。

以上十殊勝的釋義，係參考印順法師的《攝大乘論講記》第一章。其中包括唯識境、唯識行、唯識果，在唯識學的立場，本論確是一部統一了全體大乘佛教的概論書。

第二節　世親菩薩

唯識學的淵源　自彌勒到無著所完成的唯識學，是以一切種子識為本，即是種子識變現的唯識學；到了世親的《唯識三十論》，是以三類分別識為本，即是分別識變現的唯識學。前者是由《瑜伽師地論》的〈本地分〉出發，是用種子識不一不異的「不異」之義為根據；後者是再回到《瑜伽師地論》的〈攝抉擇分〉，是用種子識不一不異的「不一」之義為根據。這是同一唯識的兩大分流。後世講唯識學者，多用世親之說，以為世親才是唯識學的集大成者；無著的一流，在中國，則另成為攝論學派的攝論宗。

故在未講世親之前，先介紹唯識的淵源。除了已在第九章第三節《解深密經》的阿賴耶識條下，說到了唯識思想在部派思想中的根據，現在再參考法舫法師的《唯識史觀及其哲學》第一篇第四、五兩章之材料綜合分列如下：

（一）三法印是唯識根源：《阿含》聖典的要義不外三法印，三法印即是：

三觀
- 諸行無常觀
- 諸法無我觀
- 有漏皆苦觀

—涅槃寂靜

涅槃寂靜，實是三觀的結果，雖可稱為四法印，其實仍是三法印。比照唯識學，「諸行無常」，即是虛妄分別的心、心所法，以及其所變現的諸法。「諸法無我」，即是由人空法空所顯的人無我及法無我義；《阿含經》中雖不分人、法二義，實已含此二義。「有漏皆苦、涅槃寂靜」，也正是大乘發揮的勝義；大乘的「無住涅槃」亦由「涅槃寂靜」開出。

（二）蘊、處、界是唯識根源：為了解釋三法印的意義，《阿含》聖典即有五蘊、十二處、十八界。唯識法相的道理，就建立在這蘊、處、界上。

作之主體的。

（三）四《阿含》中的唯心論：例如生死輪迴說、業感緣起說，都是以心為造

（四）唯識學的功用是闡釋《阿含經》：《百法論》是釋《阿含經》的「諸法無我」義；《五蘊論》是釋《阿含經》中的五蘊義；《大乘集論》和《瑜伽師地論》的〈本地分〉、〈攝抉擇分〉後二卷、〈攝異門分〉及〈攝事分〉等二十卷，大都是解釋《雜阿含經》等的經意的。

世親及其著述　世親，就是婆藪槃豆法師，他是無著的胞弟，他的年代約在西元三二〇至四〇〇年之間。根據《婆藪槃豆法師傳》的記載，他先佯裝瘋狂，潛入罽賓國，學有部論，十二年中聽《大毘婆沙論》數遍，文義已熟之後，即還本土，造成《阿毘達磨俱舍論》（又作《俱舍論》）三十卷，雖在說明有部的教義，但在若干地方卻用經部的教義，補充有部的教義。這在第六章中已經介紹過了。

世親尚未迴入大乘之前，據說著有小乘論很多，《俱舍論》是其中的代表作，同時他也著了一部有名的《七十真實論》，用來攻破數論外道的《僧佉論》，因此得到阿緰闍（Ayodhyā，又譯作阿踰陀）國王毖柯羅摩阿秩多（Vikramāditya）的三洛沙金之賞，世親即將此金分三分，起三寺。後又得到婆羅秩底也（Bālāditya，

新日）王的皈依，並令太子就世親受戒，王妃出家亦為世親的弟子。太子即位後，即與其母同請世親留住阿緰闍國。

當無著晚年時，想到世親學小破大，心中不安，便遣人由北印富婁沙富羅國（義為丈夫城）到阿緰闍國，請世親回去，說他病得很重。兄弟相見之後，無著即說：「我今心有重病，由汝而生……汝不信大乘，恆生誹謗，以此惡業，必永淪惡道。」世親因此迴小向大。當無著歿後，他便廣造大乘論書，例如《華嚴經》、《涅槃經》、《法華經》、《般若經》、《維摩經》、《勝鬘經》等諸大乘經的釋論。又造《唯識論》等。八十歲時，寂於阿緰闍國，而且說他：「雖迹居凡地，理實難思議也。」以上參考《婆藪槃豆法師傳》（《大正藏》五十．一九〇頁下——一九一頁上）。

根據布頓的《佛教史》說，世親自無著處得到《十地經》及《阿差末經》之後而歸大乘，以後至尼泊爾，教化破戒僧辛陀（Handa）。又研究了《十萬頌般若》。

世親的著作極多，傳說有小乘論五百部，大乘論五百部，故有「千部論師」之稱。如今傳存的，在日本《大正新脩大藏經》收有二十七部，《西藏大藏經》收有三十三部。其重要者有如下的十一種：

（一）《阿毘達磨俱舍論》（三十卷），玄奘譯。真諦別譯《阿毘達磨俱舍釋論》（二十二卷）。

（二）《唯識三十頌》（一卷），玄奘譯。

（三）《唯識二十論》（一卷），玄奘譯。真諦別譯《大乘唯識論》（一卷）。般若流支別譯《唯識論》（一卷）。

（四）《佛性論》（四卷），真諦譯。

（五）《攝大乘論釋》（十卷），玄奘譯。真諦別譯《攝大乘論釋》（十五卷）。達摩笈多別譯《攝大乘論釋論》（十卷）。

（六）《辯中邊論》（三卷），玄奘譯。真諦別譯《中邊分別論》（二卷）。

（七）《十地經論》（十二卷），菩提流支譯。

（八）《妙法蓮華經優波提舍》（二卷），菩提流支共曇林等譯。

（九）《無量壽經優波提舍》（一卷），菩提流支譯。

（一〇）《涅槃經本有今無偈論》（一卷），真諦譯。

（一一）《涅槃論》（一卷），達摩菩提譯。

此外尚有《五蘊論》、《百法明門論》、《勝思惟梵天所問經論》、《如實論》、《金剛般若論》等。

世親的思想　《摩訶止觀》卷七，稱龍樹「作千部論」；〈百論序疏〉說世親被「時人呼為千部論主」。這兩位在印度佛教史上的巨人，確有很多相似之處：著述之多，是第一點相似；涉獵之廣，是第二點相似；思想龐雜，是第三點相似。如果論到大乘佛教的集大成者，世親比龍樹尤其當之無愧。正因如此，要想對世親的思想做系統一貫的整理，也是不易辦到的事。

世親有小乘及大乘的兩種立場。在大乘的範圍內，又分有好多不同的立場，他對《法華經》、《華嚴經》、《涅槃經》、《般若經》、《維摩經》、《阿彌陀經》等，均有註釋。他對阿賴耶識思想及如來藏思想，都有註釋；在阿賴耶及如來藏之間，他雖更重於阿賴耶，但他不像無著那樣；因為在無著的論書中，根本沒有發現如來藏、本有佛性、常樂我淨等的意趣，世親的《十地經論》及《佛性論》，就明白地在宣揚這些。

因此，木村泰賢將世親的大乘佛教，分成兩大系：1.自無著到世親系的瑜伽佛教。2.自《如來藏經》到世親系的如來藏佛教。若將此兩系來對照漢文世親論書的譯者，那麼，玄奘一派是屬於瑜伽系，菩提流支、般若流支、真諦等的立場，是屬於第二系。

《唯識三十論》　現在僅討論繼無著而來的世親思想，那就是《唯識二十論》及《唯識三十論》（又作《唯識三十頌》）的立場。《唯識三十頌》，則為世親唯識學的代表作。不過，世親僅作了《唯識三十頌》，沒有親自為頌作釋，後來所謂的唯識十大論師，便是為此三十頌作釋的人。中國的《成唯識論》，是玄奘應窺基的請求，將十大論師的釋論綜合而成。實際上因為玄奘之師戒賢，是護法系的學者，所以，《成唯識論》的內容，也以護法的見解為準；既不能說即是世親的思想，也不能代表十大論師的思想。

但是，從《唯識三十頌》，仍可見到世親思想的輪廓。

依照唯識家的分科法，《唯識三十頌》可分為三大綱：1.唯識相，即頭上二十四頌，是對宇宙萬有之現象界的說明。2.唯識性，即第二十五頌，是對一切事相之理性（本體）的說明。3.唯識行位，即末後五頌，是對修行證果之位別程序的說明。在此三大綱目之中，以第一綱的唯識相最要緊。唯識相的說明，主要是在三種能變相。

根據梵文的頌句：「假說種種我及法，是由識轉變故有。」在漢譯的頌句是：「由假說我法，有種種相轉，彼依識所變。」（《大正藏》三十一．六十頁上）也就是說，宇宙萬有的現象界，都是由於識的轉變而出現。這識的轉變，有三種能變之相：

（一）異熟能變——第八阿賴耶識。

（二）思量能變——第七末那識。

（三）了別能變——眼、耳、鼻、舌、身、意等前六識。

以一切萬法為八個識所變現，八個識有能變現一切萬法的功用，所以稱八個識為能變識，八識分三類，故稱三能變。

異熟，是因與果的時間不同和性質不同的意思。例如在桃樹上接了杏樹枝，將來成熟了果子，便是異時而熟的時間不同；果子的味道既非原來的桃，亦非原來的杏，便是異類而熟的性質不同。阿賴耶識是眾生生死的主體，它能生起一切法，故稱為一切種子識，由阿賴耶識而展開根身（人生界）及器世間（物質界）。此識常與觸、作意、受、想、思等五遍行心所（心理活動）相應，心所影響到阿賴耶識的質量變換，即是一切種子識的內容的念念生滅，這生滅轉變的情形，猶如瀑布的水流，粗視之好像一匹不動的白布掛在山壁上，然細究之，它的內容卻是瞬息不停地在變換相續。由心所影響第八識時，即成為它的種子（因），由種子而變為現象時，即成為它的現行（果），這因果的關係是異時而熟或異類而熟，故稱為異熟能變。

思量，是思慮及量度之意。第七識常恆地思量第八識而計度為我，依第八識、緣第八識、執持第八識為我，所以生起我癡、我見、我慢、我愛，故稱為思量能變。

前六識以意識為主而各各了別粗顯之境象，故名為了別境識。第六意識統一眼等前五識而與許多的心所相應，例如日常所現起的種種心理活動，即為此了別境識的範圍，故稱為了別能變。

明白了一切現象界，皆由八識的轉變分別而起，便知其非為真有，故稱為一切法皆是唯識現。這就是阿賴耶識緣起的唯識觀，也即是以三類分別識為本而變現的唯識學。

第三節 世親以後的諸論師

《大乘起信論》 世親以後，印度的大乘佛教，即進入後期。我們已知道，世親的思想中，尚有一系如來藏緣起的立場，雖然，世親的《佛性論》，在這方面尚未做到圓熟的程度，但到西元五世紀末的堅慧所著的《究竟一乘寶性論》、《大乘法界無差別論》，以及馬鳴的《大乘起信論》，便把它發展開了。《大乘起信論》，從思想史的角度看，近人多有以為它的著者馬鳴，可能是世親的弟子或與安慧同時，故在世親之後，予以介紹。

本論為中國的天台、賢首、禪宗等各家共同崇信，也可以說它是中國傳統佛教的一部重要論典，一向被視為佛學的概論書。然而到了近代，由於梁啟超根據日本望月信亨等的說法而做了歷史的考證，說是由中國人所作，並給予頌揚，說是人類智慧最高的產物。又有支那內學院的歐陽竟無師資，根據唯識學的立場起而非毀，王恩洋竟說是「梁陳小兒，無知遍計」而作，又說「膚淺模稜，剗盡慧命」，進而肯定是「非佛教論」。起來維護本論的人是太虛大師。其論戰的文字，可參考《大乘起信論真偽辯》一書。印順法師也有意見，可參閱他的《大乘起信論講記》之懸論。

不論如何，本論有其獨特的地位和不可忽視的價值。本書不做左右袒，僅願介紹它的大略：

由《華嚴經》的淨心緣起，至《如來藏經》的如來藏說，再到本論的一心二門說，如來藏緣起觀，即達於圓熟。

本論以「法」為「眾生心」，法是大乘法，眾生心即是如來藏；換言之，如來藏便是大乘法。眾生心含攝一切法，故名「一心」，由此一心向清淨界、光明界、悟界看，便是真如門；由此一心向雜染界、無明界、迷界看，便是生滅門。真如門是自性清淨心，生滅門是雜染虛妄心；由無明而有虛妄生滅，由虛妄生滅的現實而修習向上，即可至究竟的果位，稱為一心法界。這一心法界在本體、功能、作用的三方面，即稱為三大：1.體大（本體），即是不生、不滅、不垢、不減的真如實性。2.相大（功能），即是真如含有無限的德相。3.用大（作用），即是能生世出世間之無漏有漏的一切善法。

一心、二門、三大，乃是《大乘起信論》的綱骨。

真如，是古人對於宇宙本體的命名，它是遠離了一切妄念後的實在心，一切法無不是真如。本論對於真如的界別，分有離言真如及依言真如、空真如及不空真如，著眼點是在不空真如之含攝無量功德，那就是常樂我淨的一心，也是我們修學佛法的目標。但此一心，眾生本具，悟時即可見此自性清淨的真如心了。

生滅，是由眾生心開展出來的現象界，它與真如對立，稱清淨的如來藏為真如，呼「不生滅」及「生滅和合」的最初狀態為阿黎耶識（新譯為阿賴耶識）。因了阿黎耶識而有無明，因了根本無明而有枝末無明，此無明的相狀即是心的活動。本論將無明的流轉，立三細六麤之說。所謂三細六麤，是統括生滅門的九種心的活動程序，稱為九相，此九相含攝了十二緣起的內容，也就是十二緣起的新的特別解釋法。不過，十二緣起是就外在的、是明此一身流轉三界的順序而說，本論的九相是專就內部的、是明此一心變化所行的順序而說。約眾生心識的次第開展而說，分為心、意、意識。約眾生心的惑障而說，又分為無明與染心。

總之，本論所強調的是一心，這個心要比唯識家的識，更加堅強，迷悟不離一心，大乘法即是眾生心。換言之，信佛、學佛、成佛，也都是信仰我們自己的心，學習我們自己的心，成就我們自己的心；我們的現象界是由我們的心所促成，我們的本體界也要由我們對自己的心來開發。所以這在哲學上說，乃是絕對的唯心論。《華嚴經》開出淨心緣起的花，《大乘起信論》是最後結成的果；中國的傳統佛教，就是沿著這一條路在走，無怪乎覺得《大乘起信論》是如此地重要。

兩大派系　龍樹系下的中觀派，到了佛護、清辨，即分成兩個派的三大流。幾乎也在同時代中，世親下的瑜伽派，也分裂為安慧系的無相唯識和陳那系的有相唯識，其情形大致如下表（表中所附各師的年代，係用西元計算，同時也僅是大致如此，未必即已確定）：

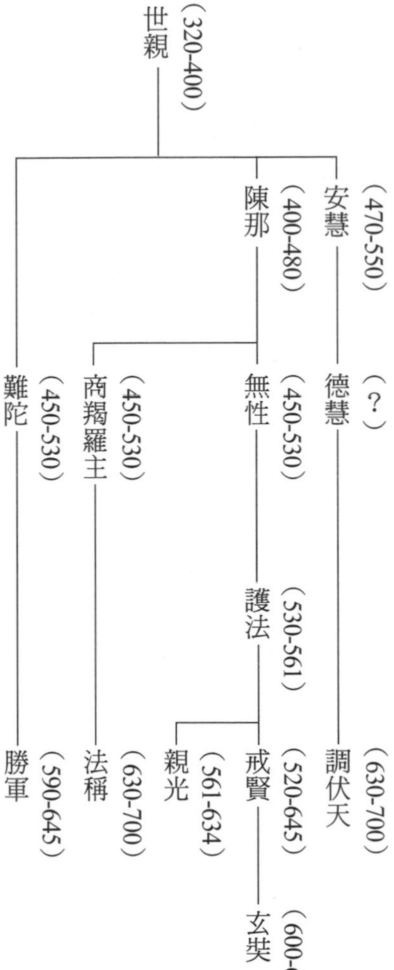

世親以後，為其《唯識三十頌》作釋的，通常稱為十大論師，與中觀派做空有之爭的，也就是這些人或他們的關係人，在晚期的大乘佛教，論師輩出，頗有百家爭鳴的景象。

在安慧的無相唯識系下，至調伏天，便影響了中觀經量派的師子賢；在陳那的有相唯識系下，至戒賢，便影響了瑜伽中觀自立派的寂護。終於空、有兩流，均被密教攝受而消失了他們原來的立場，這是西元第七、第八世紀間的事了。

所謂十大論師，據法舫法師的《唯識史觀及其哲學》第一篇第五章第四節所介紹的世親後共有十一位論師：陳那、德慧、安慧、護法、難陀、淨月、親勝、火辨、勝友、最勝子、智月。其中除了陳那，即是通常所說的釋《唯識三十頌》的十大論師。

其中的陳那、安慧、德慧，是世親的弟子（德慧又有人把他算作安慧系下）。難陀在世親系下，因唱種子新熏說，異於古來的種子本有說，故別出一派。親勝、火辨為世親同時代人，火辨是一居家的隱士。勝友、最勝子、智月，皆為護法的弟子，大都出現於西元五六一至六三四年之間。

現在我們要介紹其中最偉大的幾位論師。

陳那　陳那（Dignāga，大域龍）是南印度人，先在小乘犢子部出家，後隨世親學唯識及因明，他著有《集量論》、《觀所緣緣論》、《掌中論》、《入瑜伽經》、《俱舍論注要義燈》、《因明正理門論》等。

對於唯識學方面，他在《觀所緣緣論》中成立了根塵唯識義，又在《集量論》中立心體為相分、見分、自證分的三分義。這心體三分之說，給後世的影響很大，所謂「安、難、陳、護，一、二、三、四」，就是指的四位論師對心體的分析觀。安慧主張自證分的一分說，難陀主張相分及見分的二分說，護法則主張相分、見分、自證分、證自證分的四分說。

不過，陳那對於因明的成就，更在唯識學之上，他的《集量論》（藏譯）及《因明正理門論》，改革了印度的舊因明而集印度論理學的大成。尤其是《集量論》，不但在佛教有無上的價值，即在印度哲學史上也有極高的地位。

因明，先以論辨法之名，出現於聖德格耶《奧義書》。又植根於以究理著名的外道勝論派及尼夜耶（正理）派，因明的創始人，傳說即為尼夜耶派的足目。尼夜耶派的《正理經》，立「量」等十六句義，約為西元二、三世紀之間的事。

佛教的論法，最初即採用正理派的量義而略加修改，到了笈多王朝時代，百家競相論爭義理之長短得失，非善用論術不足取勝，所以佛教諸師幾無不深研論法而卓然成家，稱之為因明。世親對於此學，即《論軌》、《論式》、《論心》之作，可惜今已無傳。

陳那的著述中有關因明者，計有八論，而以《因明正理門論》及《集量論》最著。前者「立破真實」，以詳正確的論式；後者「釋成量義」，以詳正確的知識。一重於悟他，一重於自悟。陳那的論式，是以與敵共諍之宗支為所成立，以與敵共許之因喻為能成立。「因」是基於九句因而立三相，此即是三支作法的新因明；所謂三相，即是1.遍是宗法性。2.同品定有性。3.異品遍無性。「喻」是因的三相的一分，即在「同品」、「異品」之二相，舉出「同喻」及「異喻」，自正、反兩方面來證明所立論點的正確性。

因明不易懂，初學者不妨參閱慈航法師全集《相宗十講》之八、九兩講。

繼承陳那之因明學的是商羯羅主（Śaṃkarasvāmin），他作有因明學的入門書《因明入正理論》，現存有梵、藏、漢三種本子。

另外，學於世親及陳那門下的三寶尊，著有《一切如來讚》，陳那系統下的無性，著有《攝大乘論釋》。此下即為護法。

護法　護法（Dharmapāla）是印度後期大乘佛教史上的一顆彗星，他是南印度的達羅維荼國人，本為王子，極其聰慧，據稱他的「學乃泉於海濬，解又朗於曦明，內教窮於大小，聲論光於真俗」。他成名很早，曾任中印那爛陀寺的住持，二十九歲即退居於佛陀成道的佛陀伽耶附近，三十歲（《唯識述記》則謂三十二歲）即死於大菩提寺。他對唯識學理，闡發精詳。著有《大乘廣百論釋》、《成唯識寶生論》、《成唯識論》等。《成唯識論》即是《唯識三十頌》的釋論，玄奘大師漢譯《成唯識論》，即以此論為依據，而略參入其他九師之說。

護法站在道理世俗諦的立場，宣說唯識的「真有俗空」，恰好與中觀派的「真空俗有」觀對立起來。他認為蘊、處、界的一切法皆是有，即以此立場來釋《唯識三十頌》。他的弟子是戒賢，再傳弟子即為我國的唐玄奘，到玄奘弟子窺基，唯識學即在中國成為一大學派的唯識法相宗。所以，護法在唯識學史上的地位，不在世親之下。

德慧及安慧　德慧（Guṇamati）是南印度人，一般以為他是世親的弟子，並以安慧為門師。他曾於摩伽陀降伏外道，後來住於那爛陀寺及伐臘毘等處，著有《俱舍論釋》、《隨相論》、《唯識三十頌釋》（此書今已不見，玄奘是見過的），他在他的《攝大乘論釋》中，主張種子的本有與新熏之合一論，即所謂「本性住種」與「習所成種」說。

安慧（Sthiramati）是南印度羅羅國人，他的著作很多，重要者有《辯中邊論疏》、《唯識三十頌釋》、《五蘊論釋》、《大乘阿毘達磨雜集論》、《大寶積經論》、《大乘中觀釋論》、《俱舍論實義疏》等。其中《唯識三十頌釋》，漢文未譯，現存梵文本，則為法國巴黎烈維博士（Dr. Sylvain Lévi）的校本。安慧的立場與護法完全不同，他以阿賴耶識為一切雜染法種子的住處，一切法為阿賴耶識所藏的果，阿賴耶識是一切法的因，故說一切法即是阿賴耶識；由此阿賴耶識而生起思量識及了別識，結果又歸於阿賴耶識。

窺基的《成唯識論述記》（《大正藏》四十三・二三一頁下），對於安慧的介紹說：「妙解因明，善窮內論。扇徽猷於小運，飛蘭蕙於大乘。神彩至高，固難提議。」一代宗匠，於此可見了。

第十一章　笈多王朝及其後的佛教

第一節　笈多王朝的佛教

王朝的興替　笈多王朝係於西元三二〇年，由旃陀羅笈多一世（正勤日王）所建，都於華氏城，領有中印度。第二主沙姆陀羅（西元三三〇—三七九年）即是新日王，征服印度之東部及南部。第三主旃陀羅二世（西元三八〇—四一四年），又攻略印度的西部及北部，領有印度平原及旁遮普之一部，並含加底阿烏爾半島的地域，這是笈多王朝的全盛時代。

然在另一方面，自西元第五世紀以來，北方的白匈奴族（即是嚈噠〔Ephthal〕），蠶食西北印度，先占犍陀羅國。自笈多朝的佛陀笈多王（Budha-gupta）死後，至西元五百年頃，白匈奴族的吐拉摩那（Toramāṇa），即乘笈多朝的內亂而占據了中印度，笈多王朝因此崩潰，吐拉摩那之子摩醯邏矩羅

（Mihirakula，西元五〇二—五四二年），即成為中印度之王。當時有摩臘婆國的耶輸陀爾曼王（Yaśodharman），於西元五二八年征伐摩醯邏矩羅，並使之退到迦濕彌羅。中印地方，即由笈多王統的支裔，一個摩揭陀地方很小的侯國，繼續了後期的笈多王朝（西元五三五—七三〇年）。

在南印方面，案達羅王朝滅亡之後，波羅毘族（Pallava）據於建志補羅（Kāñci-pura），成立波羅毘王朝（西元二二五年頃—九〇〇年）。

婆羅門教的復興　笈多王朝的文化特色，可說即是婆羅門教的復古主義之抬頭。自迦膩色迦王到笈多王朝前期之滅亡，也就是西元二世紀到五世紀約四百年之間，因無外敵的入侵，復古主義也隨著王朝勢力的鼎盛而勃起。

婆羅門教，自阿育王以來，由於佛教之發展，傳統的信仰便潛入於社會的底流。至此時，已經過整理、修正、結合了民間通俗信仰的濕婆、維修奴的崇拜，成為新的印度教（Hinduism）的姿態起而復興，這是雅利安民族的文化與印度先到民族的文化之結合，它的起源，即是《大戰詩》中的《薄伽梵歌》。當小乘佛教日漸變成學術思想化，且在教內大肆爭執義理之優劣高下之際，對於民間的生活及通俗的信仰，卻日漸疏遠；印度教之復興，即是基於通俗化的信仰，並採取了佛教的哲理而予以補充其不足。大乘佛教即是為了挽救此時代的危機而出現。

笈多朝時，對於古典梵語（Classical Sanskrit）之復興，且被採作公用的語文，與婆羅門教的復興有關，大乘梵文佛典的完成譯寫的工作，大致也與笈多王朝的梵語復興有關。

笈多朝的諸王信仰，也以婆羅門教為基礎，例如沙姆陀羅笈多及迦摩羅笈多一世（Kumāra-gupta I）二王，舉行自熏迦王朝以來即未曾行於中印度的馬祀大祭，乃為顯著的事實。故對於佛教頗為冷淡。

但其諸王之中，以個人身分對佛教表示好感的，或進而尊崇佛教的，也不是沒有。例如在《婆藪槃豆法師傳》中，正勤日王毖柯羅摩阿秩多，曾施世親三洛沙金，新日王婆羅秩底也皈依了世親，世親也受到新日王的嗣子及王妃的留請久住在阿緰闍，此雖未必盡為史實，至少反映了當時的王室對佛教尚有好感。

前面說到將白匈奴族的摩醯邏矩羅王征服逐退的，是摩臘婆國的耶輸陀爾曼王，玄奘所傳，征服匈奴王的，乃是後期笈多王朝的婆羅阿迭多二世（Bālāditya II）。周祥光《印度通史》一一七頁則說是二王聯合擊退並生擒了匈奴王，可是又把他放了回去。婆羅阿迭多王，為了紀念征戰的勝利，便建了一座很大的佛寺，那便是有名的那爛陀。

北印教難　來自北方的侵略者摩醯邏矩羅王，極端仇視佛教，毀滅佛法。勢力所至，佛教凌夷。據說當他被放回北印之後，在迦濕彌羅一地，毀壞寺塔，即達一千六百所。《付法藏因緣傳》（《大正藏》五十．三二一頁下）所稱的師子比丘，當時正在罽賓（即迦濕彌羅）大做佛事，而為「彌羅掘」所殺，法統因此而絕。彌羅掘，便是摩醯邏矩羅的異譯。亦有譯作密希訶羅（Mihirkula）。因此，史家每將此王與熏迦王朝的補砂密多羅並稱。

那爛陀寺　根據玄奘《大唐西域記》卷九（《大正藏》五十一．九二三頁中）所載，那爛陀寺的初建，是在「佛涅槃後，未久，此國先王鑠迦羅阿逸多（唐言帝日），敬重一乘，尊崇三寶，式占福地，建此伽藍」。又經佛陀毱多王（覺護）、呾他揭多毱多王（如來）、婆羅阿迭多王（幻日）、伐闍羅王（金剛），歷代繼續增建，至戒日王時已是第六帝了。但在笈多王朝中，除了後期的婆羅阿迭多王，均無其人，戒日王乃是伐彈那王朝（即戒日王朝）的人。在西藏的傳說，無著、世親均曾於那爛陀寺弘通大法，但於漢譯未聞此說，而且在法顯及智猛的遊印記載中，也未見言及那爛陀寺之名。

根據多方的考察，玄奘所說的「佛涅槃後未久」即建此寺，乃是不確的。由後期笈多王朝的幻日王所創建，則比較可信。在所見的資料中，住持那爛陀寺的名德，是由德慧或護法開始，護法約為西元五三〇至五六一年間的人，後期笈多王朝則為西元五三五至七三〇年間。

不過，本寺寺址，原為佛世的菴摩羅園，佛陀曾於此處說法三個月。到了玄奘至印前後，正當戒日王在位，該寺食邑二百餘，日進大米穌乳數百石，九寺一門，周圍四十八里，常住僧徒一萬人，並為印度諸國所仰慕，儼然一所唯一的佛教最高學府。

見於記載的此寺住持之名，先後有德慧、護法、護月、堅慧、光友、勝友、智月、戒賢、智光、月稱，達摩鞠多等諸大論師。玄奘三藏是我國第一人知有此寺，並在此寺大振聲名。其次有義淨、道琳、玄照、道生、安道、智宏、道希、無行，到此求學。來我國弘法的印度僧人之中，例如波羅頗迦羅蜜多羅、地婆訶羅、善無畏、金剛智、般剌若等，也都曾在此寺求學。

從這些名德看來，那爛陀寺先是唯識學派盛行的學府，後來即成為密教大乘的學府。

佛教概況 從《高僧傳》卷三「法顯傳」（《大正藏》五十．三三七頁下）所記載當時的印度（法顯於東晉安帝隆安三年出西域，義熙十二年返揚都，即西元三九九—四一六年），大乘、小乘均頗盛行：

北印度七個國家，註明為小乘學的兩個，多學小乘的一個，大、小乘兼學的一個，綜合起來是小乘教勢盛過大乘。

西印度四個國家，註明為小乘學的一個，大、小乘兼學的一個，綜合起來，仍是小乘學占優勢。

中印度十二個國家及城區，註明小乘學的一個，多小乘學的一個，大、小乘兼學的一個，可想大乘較多。

法顯在東印華氏城，得到《薩婆多眾律》、《雜阿毘曇心論》、《誕經》、《方等般泥洹經》、《摩訶僧祇阿毘曇》等聖典。可見東印的當時，已為大、小乘學的匯合之處。

據印順法師剖析當時的概況：1.無著、世親，自犍陀羅南來至阿踰陀（阿緰闍）為中心，沿西海岸南下，與南印的學者相接。這是西系唯識學者的向南活動。2.東方的摩揭陀，據法顯、智猛的目擊，華氏城的佛教賴婆羅門的大乘學者而住持。3.放海南下到師子國（錫蘭），亦是大乘及上座部二流並暢。4.當時由中印度來華的曇無讖、求那跋摩，多係譯介真常唯心論的聖典。真常大乘的根由，即是以大眾部及分別說系的「心性本淨」，融合了犢子系的「不即不離蘊我」而成之真常我。（印順法師《印度之佛教》第十三章第一節）

第二節　伐彈那王朝的佛教

戒日王統　由於小邦林立，後期的笈多王朝，在中印方面，雖仍是一個霸主，自號君王，並曾舉行馬祀，但國土有限，僅統治摩揭陀及孟加拉兩地。在當時的許多小邦之中，當推據於旁遮普東部地區的塔尼斯華爾（Thāneśvara），較為強盛，它的開創者為弗沙伐彈那（Paṣya-vardhana）經過四傳，到第五位酋長波羅羯羅伐彈那（Prabhākara-vardhana），始建立了伐彈那王朝，即是戒日王朝。波羅羯羅伐彈那有二子，一名羅闍伐彈那（Rajyavardhana），一名曷利沙伐彈那（Harshavardhana，喜增），西元六〇四年，波羅羯羅伐彈那率二子將大軍東征匈奴，不幸卒於軍中；長子繼位，再率軍東征馬爾華，又不幸中其土王之詭計所陷而死；遂由年僅十六歲的幼子即位，並以曲女城（Kanyakubja，今之 Kannauj）為首都，那就是我國《唐書》中的戒日王（西元六〇六—六四七年），也即是玄奘所見的戒日王。

戒日王是印度古代史上最後的一位偉大的國王，他將版圖擴大，自雅魯藏布江之河口，一直到伽第瓦爾，包括了旁遮普、馬爾華、曲女城、比哈、孟加拉、阿里沙、阿薩蜜等地，除了西北邊疆之外，可謂整個西北印度都在他的掌握之中了。唯其版圖之擴張，固有憑藉武功的征服而來，然而，例如鳩摩羅國、摩揭陀、尼泊爾、喀什米爾、婆羅毘（今之古迦拉底）等自治土邦之歸屬戒日王朝，乃是由於戒日王之道德學問的感召。

戒日王與佛教　戒日王是一位多才多藝的君王，他在位四十一年，用兵僅六年，其他的時間即用於政治、文化及宗教。唐太宗貞觀十五年（西元六四一年），王與中國修好，我國於貞觀十七年（西元六四三年）派王玄策至印度，立碑銘於摩揭陀。戒日王的文藝造詣，已在第七章中略有介紹。

在宗教方面，戒日王本為印度教徒，後受玄奘三藏及小乘教的大德迭婆伽蜜多羅（Divakarmitra）之感化而皈信佛教，佛教屢遭法難，因此亦稍呈復興之機。他對佛教的功績之最著者，約有下列四事：

（一）禁止殺生，獎勵素食。

（二）依照阿育王對於弘揚正法的先例，建寺院、造石塔、築旅舍，以供沙門及朝禮聖跡者之用。

（三）每年召集沙門舉行佛學討論大會一次，賢者賞之，頑劣者懲戒之。

（四）每五年舉行無遮大會一次，並將財物布施民眾。

但是戒日王亦同樣對印度教持崇敬的態度，由《大唐西域記》說他在缽邏耶伽（Prayāga）大會時，先禮佛陀像，次日禮太陽神像，第三日禮濕婆神像，可見一斑。

玄奘三藏的光榮　奘師於唐太宗貞觀三年（西元六二九年）出中國經西域至印度，留學十七年而後返國。留印期間，從戒賢學瑜伽唯識，隨如來密、師子忍等習因明、聲明，又向勝軍學《唯識抉擇論》。回到那爛陀寺奉戒賢之命，講《攝大乘論》及《唯識抉擇論》，並會通中觀、瑜伽二宗之義，著《會宗論》三千頌，以答覆當時在寺講中、百二論而破瑜伽教義的師子光，名望因此大振。

後與海慧、智光、師子光等四大德共赴戒日王之請，與烏茶國小乘論師對論，小乘論師製破大乘義七百頌，奘師申大乘義製一千六百頌名為《制惡見論》而破之，聲譽益隆。

貞觀十六年（西元六四二年）冬，戒日王又於曲女城，大會十八國王，大小乘僧三千餘人，那爛陀寺僧千餘人，耆那教徒二千餘人。奘師被請為大會論主，作《真唯識量頌》，稱揚大乘，並宣示大眾：若有一字無理而能難破者，請斬首以謝。如是經過十八日，竟無一人敢發議論。無怪乎玄奘的盛名，迄今仍為印度學者之所崇敬。

東印法難　當戒日王之父波羅羯羅伐彈那王在位時，東印的土邦金耳國，日漸強盛，國王設賞迦（月），挾武力西侵，所到之處，摧毀佛法，壞寺、坑僧，並伐佛成道處（佛陀伽耶）的菩提樹，佛涅槃處（拘尸那羅）的佛教寺僧也被焚殺殆盡。玄奘之師戒賢論師，據說就是曾被此王所坑而逃脫的一人。

教難遍及恆河兩岸，一時法運頓衰，若非戒日王的皈依佛教，佛教的慧命即可能從此而斷！

戒日王禱於觀自在菩薩，一舉而戰勝了設賞迦王。可是，戒日王無子，故在他駕崩之時，亦即是戒日王朝衰亡之期，王僅有一女，嫁於南方婆羅毘邦的幼日王；

戒日王死後，各邦又自行獨立，有的則不承認戒日王的繼承人選。當時有一位戒日王的大臣名叫有修，也想繼承王位，因其抗拒唐朝使節王玄策，而被玄策借西藏武力將他囚送到了中國。

戒日王之後，婆羅門教出了兩位傑出的學者，一是彌曼差派的鳩摩利婆多（Kumārila Bhaṭṭa），一是吠檀多派的商羯羅阿闍梨（Śaṅkara Ācārya），這兩人在西元六五〇至七五〇年的一個世紀之內，恢復了《吠陀》經典原先的崇高地位，並對佛教做了無情的攻擊。

鳩摩利婆多的偉大著作是《吠陀真義評論》，婆羅門教的哲學因此大成，佛教的特色便因此消失，他雲遊全印，辯才無礙，弘揚其學說，攻破佛教。他是北印人，據說當他的南印派隆盛之時，佛弟子中竟無一人能夠勝過他們的議論；那爛陀寺的講學方式，一向公開，至此，因為無力降伏外道，只好改在內室講授。

至於商羯羅阿闍梨，他是南印度人，他在宗教哲學上的貢獻，被印度史家譽為是一種人類思想的結晶。他為弘揚教義，於印度的東、南、西、北的四方，建立四個傳道中心，等於在精神上他已統治了印度全國。據傳說，當他至藩伽羅地方，找著佛教徒辯論，但在佛教的法將之中，竟無一人能夠取勝於他，於是，即有二十五所道場被毀，五百位比丘被逼改宗其教；向東到歐提毘舍地方，情形也是如此！

人能弘道，非道弘人，人才的優劣，與法運的隆汙，關係實在太大了。

第三節　佛教與外道的交涉

何謂外道　外道是佛典中的術語，梵語叫作底他迦（tīrthika），是指佛教以外之教道，或稱為外教、外學、外法。

《維摩義記》卷一（《大正藏》三十八・四二八頁上）說：「法外妄計，斯稱外道。」

《三論玄義》（《大正藏》四十五・一頁中）說：「至妙虛通，目之為道，心遊道外，故名外道。」

《首楞嚴義疏注經》卷二說：「不入正理名外，但修邪因名道。」

凡是佛教以外的一切教道，以佛子視之，均為外道，初無輕藐之意；然以外教學者無不捨自己的身心而別求安頓，所以含有向外求道的意思者，即為外道。

佛典中所指的外道，範圍極廣，在第一章所介紹的婆羅門教、六派哲學、六師外道、總為六十二見等都是。他們也都跟佛教曾發生多多少少的交涉，佛教在外道包圍的環境中出現、成長，也在外道包圍的形勢下變質、滅亡。這從《阿含》聖典、部派的阿毘達磨、大乘的各家論書中，見到所謂破外道的論鋒之銳利，便可知道佛教是在不斷地奮鬥中發展的。最後的密教，在實際上受了外道的同化，僅在心理上強調降伏外道，終於是接受了被外道消滅的命運！

在此僅就外道與佛教交涉之重要者，略述如下：

耆那教與佛教　《阿含經》中所稱的尼乾陀若提子（即尼犍子若提子），便是耆那教的開祖摩訶毘盧（大雄）之名，故通稱其教徒為尼犍子外道。他稍早於釋尊，他與釋尊的教化區域，大致也相同，所以兩教間交涉也較多。

耆那教與佛教，從表面的印象看，頗似一致，從教理的本質看，卻是不同。

先說兩教的相似處：同樣否定《吠陀經》的神聖地位，同樣否定婆羅門教的人格神而唱無神論，兩位教主同為剎帝利族王子出身，開祖的尊稱同為大雄、世尊、牟尼，同樣強調輪王思想及不殺生主義，同樣組有比丘及比丘尼的教團。

再說兩教的相異處：兩教的聖典之結集不同，兩教的歷史之傳承不同；耆那教主張命（精神）及非命（物質）的二元論，站在生氣論的立場，重視「命」為常住的靈魂，佛教則站在緣生論的立場，主張無我，否認有常住的靈魂；耆那教以生天主義為解脫，佛教則以即現實而證涅槃為解脫；耆那教以苦行主義為修道的方法，佛教則以戒、定、慧三學為修道的階梯；兩教雖然同樣採用「業」、「漏」等的名詞，涵義卻頗不同。

事實上，耆那教與佛教，同為傳統的印度宗教所不容。所幸佛教亡於印度，卻傳到了外國，耆那教雖未傳出國外，卻以苦行的教條所限而未被印度教同化，苦行畢竟是感人的，所以耆那教在印度，迄今仍在傳流。

印度教　前面已說到，印度教（Hinduism）是以婆羅門教的《吠陀經》結合了通俗信仰的《薄伽梵歌》而起。

首先要說《吠陀》宗教的復興，約有四個因素：1.戒日王朝以後的五百年中，佛教僧侶入於密教而生活腐敗。2.佛教僧侶集中於義理的空談，僅在學術中心之地如那爛陀寺等處有其發展，而卻荒於對民間的深入普化。3.佛陀的四諦、八正道之教學，對於一般民眾，不能即聞即知，也不能即知即行，愚夫庸婦於生活艱困之下，只知盼望有一救世主將他們帶往快樂的天堂。4.佛教四姓平等之說，破壞了婆羅門僧侶的特權，蓄意復興已達千年之久，此時趁著佛教的敗落及一般人心的願望，便結合民間信仰，採納佛教哲理，以新的姿態出現。

再說印度教的內容，它是根由《吠陀》神話及史詩神話而來，他們所信的神是唯一的最高的大梵天（Brahmā），有時用宇宙的創造者大自在天（Īśvara）的名，有時用宇宙之破壞者濕婆（Śiva）的名，有時用宇宙之保護者維修奴（Viṣṇu）的名，但其畢竟仍是唯一梵的多種立場而已。他們信仰這些神，也禮敬這些神的化身及其象徵的物。因此把《大戰詩》中的歷史人物黑天酋長（Kṛṣṇa）、《羅摩所行傳》中的歷史人物羅摩王子，也都做為維修奴之化身，甚至將佛教教主釋迦世尊，也做為印度教之神的第九位化身，而被禮拜。加上其新的教義及戒律的修訂補充，使一般未曾深入佛法的人看來，他們似已包容了佛教，正好把淺見的佛徒們吸收了過去。

可是，正因為印度教將史詩中的人物當作維修奴的化身，以致把描寫黑天酋長與柯碧私戀的故事，亦當作經典而視為神聖。因此而有印度教寺廟之繪畫男女猥褻的形像，因此而以為自在天神也有一位配偶女神，叫作烏摩（Umā），濕婆的配偶女神叫作杜爾嘉（Durgā）。但是，請勿以為男女擁抱及相交之狀，即是淫褻之姿，這從文化人類學的觀點而言，自有它莊嚴的意義，此到下一章中再講。

印度教吸收了佛教　我們一再說到，新的婆羅門教吸收了佛教的長處，在此可舉一例：

上一節的末段，曾提到一位吠檀多派的大學者商羯羅阿闍梨（西元七〇〇—七五〇年），他的思想常被後世正統派的學者稱為「假裝的佛教」（Pracchanna Buddhism）。在他的思想中，最著名的是「幻說」（Māyāvāda），他主張現象是虛幻的，最高的梵，是超越一切現象的，是無限的、實在的、精神的。由於梵的幻力而成為有限化的原理，那就是人格的自在神，由於幻力而創造一切的現象界，這便是自在神之創造力；這一被造的現象界，對於最高的梵而言，乃是有限的、非實在的、非精神的；此一現象界的非實在的虛妄性，便稱為幻性。

考察這一「幻說」的涵義，在正統的婆羅門教典籍中是找不到相當意味之用法的，但在佛教的《般若經》以及龍樹的《中論》，卻有類似意味的許多先例，比如《摩訶般若波羅蜜經》（《大正藏》八．二一七頁上）以十喻，說明諸法的空性：一切法，如幻、如焰、如水中月、如虛空、如響、如揵闥婆城、如鏡中像、如夢、如影、如化。因此他可能是借用了佛教的性空說而發展其神造說，並取一名曰幻說。

其次，商羯羅阿闍梨又立於真、俗二諦的立場，來發揮他的哲學。他說由於真諦的立場，知有上梵（這個上梵是本體），產生上智而知最高梵的真實，便說一切現象界是虛妄；由於俗諦的立場，知有下梵（這個下梵是自在神或創造神），產生下智而知下梵的創造，便說一切現象界是實在。

考察這個二諦說的意味，它的根源乃是出於《中論》，特別是《大智度論》卷三十八（《大正藏》二十五．三三六頁中—下）所說的：「為世諦故，說有眾生；為第一義諦故，說眾生無所有。」

交涉的結果　當印度教融會了印度各種文化而復興之後，便訂定了刻板的教條，限制了人民的思想行為。印度教徒也變得唯我獨尊，認為他們是世界上獨一無二的神的人民，是世界上獨一無二的國家，他們的一切，無一不是世界上最優秀的。結果使得印度教僅能做為一個國族的宗教。

在佛教方面，戒日王以後，鑑於印度教復興的勢力浩大，便迎合民間的要求，也將印度教的特色吸收為佛教化。既然無力從辯論上取勝外道，便在心理上做武裝。忿怒金剛的出現，多手多頭的金剛薩埵的出現。金剛手菩薩的塑像，即是右足踏著大自在天，左足踏著自在天的配偶女神；印度教的種種神祇，也無一不被佛教的金剛降伏，這都表現了當時佛教的心理狀態。這番苦心的結果如何，到下章中再講。

第十二章　從密教盛行到近代佛教

第一節　密教的淵源

波羅王朝　上章已經說到，戒日王以後的印度佛教已趨於沒落，可是，由於波羅王朝的保護，佛教仍在東印一帶偏安了五百年，這五百年中的成果，便是大乘密教的由隆盛而至衰亡。

波羅王朝是起於孟加拉地方的小邦，在西元六六〇年略前，由瞿波羅王（Gopala）統一了藩伽羅國，又西取摩揭陀等地而成立王朝，這在印度史上，是不太有名的小王朝，但此王朝傳承十八世，歷五百年，崇奉佛法世世不懈。其中最具熱忱者凡七主，稱為「波羅七代」，七代之中，以第四世達摩波羅王（Dharmapala，法護）時，國力最盛，曾將領土擴展到曲女城。此王對佛教的虔誠護持，亦最有成績，先在那爛陀寺附近，建立歐丹多富梨寺（Uddaṇḍapura）；又在其北建立昆鳩摩尸羅寺（Vikramaśīla），此寺譯名超戒寺，亦有稱為超岩寺，它有百零八寺，及六個研究院，規模之宏大，比起那爛陀寺的九寺一門或謂八院三百房，猶有過之。因此便奪取了那爛陀寺的地位，而成為當時佛教的最高學府。

中國的義淨三藏留印時，正當瞿波羅王在位，據義淨自稱，他在那爛陀寺，曾屢次入壇，可見當時該寺已經風行密教，到了西元第八世紀以後，達摩波羅所建的超戒寺中，人才輩出，也均為密乘的大德，該寺亦即是密教的中心道場，波羅王朝所擁護的佛法，自始便是密教。

早期所行的密教 所謂密教（Esoteric Buddhism），世界學者一般通稱為怛特羅（Tantra）佛教，也有稱為真言乘（Mantrayāna）、持明乘（Vidyādhara-yāna）、密乘（Esotericyāna）、果乘（Phālayāna）、金剛乘（Vajrayāna）等。根據西藏所傳的密教，分為四部：1.事部，2.行部，3.瑜伽部，4.無上瑜伽部。

中國舊傳的密乘傳入日本的，分為兩部：1.金剛部，2.胎藏部。

近代學者將歷史上的密教分為三期：1.初期的雜密，2.中期的純密，3.後期的左道密。

如果將此三種分類法的密教，配合起來，它們間的關係相當，可用一表說明：

密教	事部		初期的雜密
	金剛部、胎藏部	行部、瑜伽部	中期的純密
	無上瑜伽部		後期的左道密

現在，我們先說初期的雜密，雜密是沒有教理可說的，它的原始成分，大多來自婆羅門教。雜密之被稱為「事部」，乃是它專重於事相的作法，所謂密教的「事相」，就是：1.明咒，2.瑜伽，3.護摩。明咒起源於《吠陀經》之咒術；瑜伽本為婆羅門教所修的禪定；護摩也本是婆羅門教的「燒供」作法，他們以物投火，藉火神阿耆尼之力而達於梵，以做求願的媒介。佛教本來反對事火，密教則以事火為求財、求事、求壽、求官的門徑，以致將食品、衣物、珍寶等有用之物，投向火中。密教採用上舉的三種事相，其有三種神祕作用，便是：1.息災避禍，2.增益致福，3.調伏鬼神。

原始聖典中的密咒　佛教成為密教，可謂是突如其來，也可謂是淵遠流長。所謂突如其來，因在釋尊的時代反對神祕，否定神權，破斥方技之術，一切咒語術數之學均非釋尊所喜。

《長阿含經》卷十四第二十一經《梵動經》（《大正藏》一．八十九頁中—下）所載：「如餘沙門婆羅門，食他信施，行遮道法，邪命自活。召喚鬼神，或復驅遣，種種禱，無數方道，恐熱於人，能聚能散，能苦能樂……或為人呪病，或誦惡呪，或誦善呪……或呪水火，或為鬼呪，或誦剎利呪，或誦象呪，或支節呪，或安宅符呪，或火燒、鼠囓、能為解呪，或誦知死生書，或誦夢書，或相手面，或誦天文書，或誦一切音書，沙門瞿曇無如此事。」

在《中阿含經》卷四十七《多界經》（《大正藏》一．七二四頁上），也說：「或有沙門梵志，或持一句呪、二句、三句、四句、多句、百千句呪，令脫我苦；是求苦、習苦、趣苦；苦盡者，終無是處。」

可是，到了部派佛教的《四分律》卷二十七（《大正藏》二十二．七五四頁中）、《十誦律》卷四十六（《大正藏》二十三．三三七頁中）等，即有佛陀聽許持善咒治療宿食不消、毒蛇、齒痛、腹痛等記載。佛在《長阿含經》卷十二（《大正藏》一．八十頁上—八十一頁中）《大會經》中，為了降伏諸天，結了數咒。佛在《雜阿含經》卷九第二五二經，也向舍利弗說了毒蛇護身咒。可見，密咒的使用，早已出現在原始聖典中了。不過早期聖典中的咒法，係用作治病為主；降伏諸天，策使鬼神的密咒，大概是比較晚出的。若照佛陀的本懷而言，推定密咒之為晚出或增訂，是比較恰當的。唯其密咒之具有相當的效驗，則為不容置疑的事實，故而驗道和解脫道是不必相提並論的。

即以初期的大乘經典而言，也尚未見明咒，例如《心經》的「即說咒曰」是後增。《法華經》原來無咒，後來在〈囑累品〉後附加數品，即有了〈陀羅尼品〉。《仁王經》、《理趣經》原先無咒，到唐譯本即有了咒。

密咒在外道，是說不上哲學理論的，到了大乘密教的中期，咒語也被賦予高深的哲學觀了，在《大毘盧遮那成佛經疏》（即《大日經疏》）卷七（《大正藏》三十九．六五〇頁中）說：「此真言相，聲字皆常。常故，不流、無有變易。法爾如是，非造作所成。」以真言密咒為法爾常住的實相，所以進一步說，真言之相即是畢竟寂滅之相，為了隨順眾生根機，而以世俗文字表示。如能觀誦純熟，證悟了即俗而真之義，融合於諸法之實相，便可獲得即身成佛的極果。

密咒即是真言，真言由如來說、菩薩說、二乘說、諸天、地居天（鬼神）說之五種來源。密教以真言之觀誦為主要修持法門，所以稱為真言宗。但其持咒亦頗有要求，《大日經疏》卷七（《大正藏》三十九．六五七頁下）說：「若但口誦真言而不思惟其義，只可成世間義利，豈得成金剛體性乎？」

總之，密咒發源於婆羅門教，佛陀最初禁絕，繼而由於外道來佛教中出家的人漸多，他們習用咒語治病。至部派佛教如法藏部，推尊目犍連，盛說鬼神，咒法漸行。到了大乘密教，更進而以密咒哲學化，完成了高深的理論基礎。密咒之能產生效驗，那是無可置疑的，若言觀誦真言而能即身成佛，此所成之佛，是何等性質之佛？則尚有考察的餘地。

瑜伽與密教　密教又稱為瑜伽教，瑜伽（Yoga）在梵語中，是由馬和車軛結合之義的語根 yuj 而來，意譯為相應，此語最早用於《梨俱吠陀》中，後來沿用到《奧義書》時代，它的涵義是：依於調息等的觀行法，觀梵我一如之理，以合於梵而與梵相結。到了佛教中，即採用此法，依於奢摩他（止）及毘鉢舍那（觀）之觀行，與正理合一相應的情態，便稱為瑜伽。換言之，瑜伽是以止觀為其主體。

佛教採用瑜伽，始自釋尊，但是，釋尊不以瑜伽為達到解脫的最高方法，需要配合了戒及慧，定（止觀）才受到釋尊的鼓勵。釋尊特重於八正道，八正道的首要是正見，八正道的範圍是戒、定、慧。此可參照第二章所講。所以佛陀不是修定主義的瑜伽行者，瑜伽行雖受佛的利用，佛卻不即以此為究竟。但到了中期密教的瑜伽法，卻受了瑜伽外道波曇耆梨（Patañjali，西元第五世紀數論派人）所著《瑜伽經》的影響，以為瑜伽即可達成世出世間的一切目的。例如《大日經疏》卷三（《大正藏》三十九．六一三頁下）所說：「阿闍梨以於瑜伽得決定故，隨有所作，皆與三昧相應；如獻花時，即與花三昧相應；此中本尊，明了現前……如是一一緣中，皆是入法界門，皆見善知識，旋轉運用，皆與理相應，不復臨事稽留，方始作觀，當知是人，堪作祕密阿闍梨也……又於息災法中，即能以此方便增益降伏；或增益法中，即能以此方便降伏息災；於降伏法中，即能以此方便息災增益。隨彼彼相應之法，皆能善分別之，名善修瑜伽。」

密教以瑜伽法做如此的高調，也絕不是他們的妄語，瑜伽行者多有內證經驗，身心異於常人，所見也多屬實。唯其所驗，是否徹於佛的本懷，則有考察之餘地。因其重於心境的發現，境界固然屬實，若謂瑜伽行者的內證經驗，即是佛的境界而稱即身成佛，恐怕要落於增上慢了。這在佛世的小乘行者，由於修瑜伽法而自稱已證四果的，其實尚未離欲，佛陀不斥他們妄語，而稱之為增上慢人。

第二節　密教的興亡

大日如來　密教與顯教相對，是大乘佛教的判別。顯教是如來應化身（釋迦）的逗機方便說法，密教是如來報身（大日）的祕奧真實說法；顯教說歷三大阿僧祇劫修菩薩行而後成佛；密教則依於大日如來自受用報身所說內證自覺聖智之法，及大普賢金剛薩埵他受用報身之智，現生遇到曼荼羅阿闍梨，乃至灌頂受金剛之名號，由此而得甚深不可思議法，超越二乘聖者及十地菩薩，即身成佛。

可見密教是頓悟法，也是易行道，它兼有求生西方淨土及印度教之與梵天合一的雙重優點。在歷程上是速成法，在目的上是究竟法。此一思想的形成，是在《大日經》的結集，大概是在西元第七世紀左右，由《大日經》而完成純密的理論，唱即身成佛。稍後出現《金剛頂經》而導發了後期的金剛乘，也就是左道密教。《大日經》的主要思想是「即事而真」，原則上是來自《華嚴經》的「事事無礙」，又參考梵我一致的印度教思想而進一步地唱出即身成佛之教。但《大日經》是密教理論的建設者，由《金剛頂經》開出的，即將此一理論付諸於實際的生活。一切都成為「即事而真」、「事事無礙」的結果，淫、怒、癡的現象，以為即是究竟的涅槃道。這在密教的理論上可以通，在究竟的佛位上也正確，在現實的凡夫境界，卻未必真的能夠「即事而真」。左道密教之濫，原因即在於凡聖混淆而倒果為因！

法統　密教最重視法統的師承，傳受密法，必須金剛上師（祕密阿闍梨）的灌頂，修持密法的儀軌，必須請金剛上師的加持，因為金剛上師是由師師相承而來的大日如來的代表，也必是修法有了成就的瑜伽行者。因為密教是心法，不同顯教可藉語文而領受，密教必須師弟祕密授受。這一觀念在婆羅門教的《梵書》至《奧義書》時代，已很風行。

根據密教的傳說，密教是由大日如來（摩訶毘盧遮那，Mahāvairocana），傳金剛薩埵（Vajrasattva，又名金剛手、執金剛、持金剛），金剛薩埵是大日如來的內眷屬，是諸執金剛的上首，處於金剛法界宮，親蒙大日如來的教敕而結誦傳持密乘，成為付授密法的第二祖。釋尊滅後八百年，有龍樹（龍猛）出世，開南天鐵塔而親向金剛薩埵面受密乘，為第三祖。龍樹傳其弟子龍智，為第四祖。再過數百年，龍智七百歲，傳付第五祖金剛智。金剛智便是唐玄宗開元年間（西元七一二—七四一年）來華的開元三大士之一。

然經歷史的考證，由龍樹開南天鐵塔，是密教學者附會龍樹入龍宮得大乘方等深奧經典的傳說，託古自重。龍宮何在？據考察，北印有土邦稱為龍族，或近之。龍樹於雪山及龍宮得大乘經而到南印弘通，此為密教由北印的瑜伽師為根源而融會東南印度達羅維荼族的信仰（為印度教成分之一）。密教的夜叉（Yakṣa），原即為達羅維荼族的民族群神，由夜叉的勇健之姿而演為密教的忿怒尊，由夜叉尼而有密教的空行母（佛母）或明妃，乃為一例。

西藏多羅那他的《印度佛教史》也說，密教通途均以龍樹為源頭，此龍樹乃係出於婆羅門羅睺羅跋陀羅之下，但此羅睺羅跋陀羅又被學者疑為提婆弟子之訛傳；龍樹將密乘下傳龍智，勝天的弟子毘流波又嘗學於龍智之門，勝天則為稍後於護法的人。又有月稱的弟子護足，也曾從龍智求學。

因而就有人傳說龍智壽長七百歲了。

但據《密教發達志》卷三所說，金剛智的師承是師子國的寶覺阿闍梨，不是龍智。

又據呂澂的《西藏佛學原論》中說：「綜合各事觀之，彼傳密乘之龍樹者，其師羅睺羅，似出提婆之後，其弟龍智，又在勝天月稱之前，或即提婆月稱之間，有此一家，而與創弘大乘之龍樹別為一人也。」

不論如何，據多羅那他的《印度佛教史》二十二章中說：在僧護時代，事部及行部的二類，顯然已流行約有二百年了；但是，瑜伽及無上瑜伽二類，此時尚未出現，直到後來的波羅王朝時，始見弘傳。（呂澂《西藏佛學原論》十一頁所引）

四部密教　現在將四部密教，略為介紹如下：

（一）事部：即是雜密，亦稱作密，其修無相瑜伽，即妄以明空性之理，常我的色彩尚不濃。常聚佛、菩薩、神、鬼於一堂，尚未有胎藏界等的嚴密組織。雖結壇場、重設供、誦咒、結印，重於事相，尚未及作觀想。

（二）行部：亦稱修密，此部以《大毘盧遮那成佛神變加持經》（即《大日經》）（《大正藏》十八．一頁中—下）為主，以《大日經．住心品》中的：「菩提心為因，悲為根本，方便為究竟」三句為根本。又講十緣生，頗類於《般若經》的性空之說；但在「菩提心」的心中，已帶有常我的色彩。以大悲為本，以隨機的方便而度眾生，實在是表現了大乘佛教的偉大特色。

（三）瑜伽部：瑜伽部配合行部的方便為究竟而融攝世俗，故以如來做在家相（天人相）的大日為其中心，以金剛手等為其護翼，出家相的釋迦及二乘聖者，被置於外圍，此由胎藏界及金剛界的曼陀羅（Maṇḍala，密壇，修密法的道場），即可以明白。這在理論上，是因大日如來為報身佛，是化身釋迦佛的本尊，本尊應居中心；在實際上，是圓融了外教的群神，且以外教的群神，均為本尊方便攝化的顯現，所以，印度一切的善神、惡神，都為密教所攝。由降伏的意念轉為崇拜的意念，乃係出自事事無礙的即事而真，所以本尊應該是在家菩薩相。這可算是大乘密教從心理上做了左道化之大方便的準備。

（四）無上瑜伽部：這是最高的密法，此法修成，便是即身成就的佛，故在今日的西藏黃教，視無上瑜伽為最難修持的密法。沒有數十年的苦修工夫，阿闍梨也是不教你的。這是經過淨化後的黃教觀念。

事實上的無上瑜伽，即是金剛乘法，即是左道密教，即是世俗化的大方便的實際行為。

無上瑜伽　在印度佛教史上，無上瑜伽乃是最後發展成功的密教法門，而且其來歷多不可考察。我們所能知道其根源的，只有從那爛陀寺座主勝天論師之門，出了一位毘流波，他向龍智學密而得悉地（Siddhi，是修三密相應而得成就妙果），他和龍樹之間的傳承關係是這樣的：

龍樹——提婆——娑羅訶（或即婆羅門羅睺羅跋陀羅）——龍智——毘流波
龍樹┈┈勝天——毘流波

勝天論師的學系不可考，他是繼護法之後住持那爛陀寺的。

但是，無上瑜伽的密教，均說由於義蘊深妙，初不傳於人世，乃由一些獲得成就的大悉地師門，個別弘傳出來，所以，如同薩羅訶之於「佛頂」，盧伊波之於「遍行瑜伽母」，婆婆波之於「喜金剛」，這些密法的源流傳承，便無法考察了。

自後有曇毘弊流迦、婆日羅犍陀等相繼得道。又有婆羅波、俱俱囉羅闍、喜金剛、護足等同時並出而弘傳瑜伽密和無上瑜伽密之中的五部密法：「密集」、「歡喜金剛」、「明點」、「幻化母」、「夜摩德迦」。稍後，喜金剛的弟子，檀毘醯盧迦，又傳出「佛頂輪」、「救度母」、「阿羅梨怛特羅」、「俱羅俱梨現證怛特羅」等。

又相傳，大闍梨中有位摩檀祇，是從提婆修學而證得悉地。又有護足，也說親承月稱授其「密集」、「明點」等本典，又說嘗見龍智而傳其宗。故於此後，龍樹、提婆、月稱等人的密典註書，乃大行弘出，密乘遂與中觀相涉而不可解了。

另於波羅王朝第四世達摩波羅王時（西元七六六—八二九年），王創建超戒寺，特別尊信師子賢，及其弟子智足。師子賢是王族出身，依寂護受《中觀》本論及諸論議，其說亦兼採清辨的所用唯識的邏輯中道立量派，而主弘密乘。

現在，我們可列一表以說明無上瑜伽密的主要人物的法系：

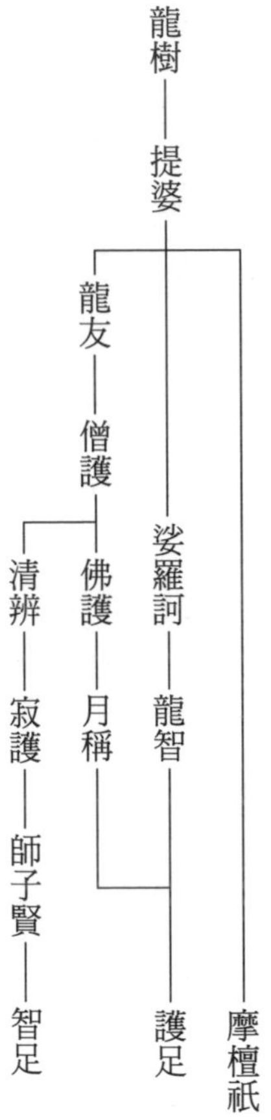

在傳說中，大乘學的諸大師，自龍樹、提婆、無著、世親以下，無不成為密乘的大師。實則，據多羅那他的《印度佛教史》二十二章說：僧護以前，祕密真言之法，不無流傳，而其修習，祕密藏護，未得成就之先，鮮有知其行徑者。以故在修持者固不互相知，而師弟傳習亦極為稀有。（呂澂《西藏佛學原論》十一頁所引）

無上瑜伽師　密乘多由外教來，故其源頭難考，上表系統，僅指其大概。然到智足之後，繼承超戒寺的寺主者，則多已有傳記可查了，其中最初的十二人，通稱為「調伏法呾特羅阿闍梨」。他們的依次相承的情形如下：

1.智足，遍弘事部、行部、瑜伽部等的三種本典，並弘傳「密集」、「幻網」、「佛平等行」、「月明點」、「忿怒文殊」的五種內道呾特羅。2.文殊賢。3.楞伽勝賢，弘「上樂」。4.吉祥持，弘「夜摩」。5.現賢，弘「明點」。6.善稱。7.遊戲金剛。8.難勝月。9.本誓金剛，弘「喜金剛」。10.如來護。11.覺賢，弘「夜摩」、「上樂」。12.蓮華護，弘「密集」、「夜摩」。這些都是承智足而專弘無上瑜伽的。

除了超戒寺寺主之外，其餘尚有許多密乘諸師，例如寂友、覺密、覺寂，則均弘三部密法；甚深金剛、甘露密，則弘無上瑜伽。到了波羅王朝第七代摩醯波羅王時（西元八四八—八九九年），又有毘覩波傳來無上瑜伽中最勝的「時輪呾特羅」，他的弟子時輪足，亦力為弘通。密乘之學，到此已經大備而達於頂峰了。

在波羅王朝十一代茶那迦王時，超戒寺的學風，堪稱最勝，護寺要職典掌寺門的諸師，號稱「六賢門」，那就是：東門寶作寂，南門智生慧，西門自在語稱，北門那露波，其次為覺賢，中則寶金剛和智吉祥友。他們博通五明，專弘密乘，尤其致力於無上瑜伽的「上樂輪」。並且也時時涉及顯教中的彌勒五論、法稱的因明七部——《正理一滴論》、《量決定論》、《量釋論》、《因論一滴論》、《觀相屬論》、《論議正理論》、《成他相續論》，同時亦注意寂天的《入菩薩行論》。

此後，超戒寺的法統雖不斷，卻無新的發展了，寺主之有名者則有吉祥燃燈智（即是去西藏的阿底峽）、梅呾梨波，以及阿底峽的五大弟子等。

無上瑜伽是基於大方便的融攝精神。本來是要從現實中降伏外道及惡魔，以達內外及身心之淨化；但此僅從內心觀想，降伏外道及魔而攝歸佛教，融入佛法。最後竟爾「即事而真」，觀外道諸神即為本尊，本尊世俗化，行者亦即以世俗化的生活為究竟清淨。這純是以聖位菩薩的立場自居，作著唯心觀的設想。只要觀想清淨就是清淨，觀想本尊就與本尊合一，本尊現出世俗之相，行者即行世俗事了。所謂左道密教，也就因此出現。

左道密教　所謂左道密教，是對以《大日經》為主的純密或右道密教而言。大日如來既現天人（在家）相，受大日如來之教令現忿怒身以降伏惡魔的諸尊明王，當然也是在家相。天人有天后天女，密教的明王即有明妃，或稱明王為勇父，明妃為佛母（Bhagavatī），又有譯作空行母。根據密教的解釋：「明者光明義；即象智慧，所謂忿怒身，以智慧力摧破煩惱業障之主，故云明王。」（《真偽雜記》卷十三）又說：「明是大慧光明義」；「妃是三昧義，所謂大悲胎藏三昧也。」（《大日經疏》卷九）

可見，明王、明妃，本為悲智和合的表徵，與所謂「以方便（悲）為父，以般若（智）為母」之理正合。但在修法之時的曼荼羅中，遂將各部部主給以配偶之女尊，稱為明妃，並且比照欲界天人的欲事而行：事部則彼此相視而悅，行部相握手，瑜伽部相擁抱，無上瑜伽部則兩身相交。此在《諸部要目》中說：「佛部，無能勝菩薩以為明妃；蓮華部，多羅菩薩以為明妃；金剛部金剛孫那利菩薩以為明妃。」為了表徵悲智相應，部主均有女尊為偶，修法者付之實際，便是行的男女雙身的大樂。後來，遂以金剛上師為父，以上師之偶及一切修密法的女性為空行母，竟至將上師修雙身法而遺的男精女血為甘露、為菩提心。佛教本以淫欲為障道法，密教的最上乘卻以淫行為修道法。由中國而傳到日本的密教，僅及於金剛界及胎藏界的純密，未見到最後的無上瑜伽之行法，所以日本學者稱它為左道密教。

正由於兩身相交的行法之開演，接著就出現了多種象徵的名詞。以男子生殖器稱為金剛杵，以女子生殖器稱為蓮華；以性交稱為入定，以所出之男精女血稱為赤、白二菩提心；以將要出精而又使之持久不出時所生之樂為大樂、妙樂。對於男性的修持者而言，女性的生殖器實在就是一個修持無上瑜伽法門的道場；藉此道場的修持，可得悉地；因此，便稱女子的陰道為「婆伽曼陀羅」（Bhagavtī-Mandala）。「婆伽婆」是「有德」或「總攝眾德」之義，密教則以「婆伽婆底」祕稱女性。所以，婆伽曼陀羅，可以解作修佛母觀的密壇。現在西藏的黃教喇嘛，他們戒律清淨，不近女性，但到修學無上瑜伽的時候，仍以作觀代替實際。初傳密教至西藏的蓮華生（Padmasambhava，西元八世紀人），他與寂護之妹結婚，乃是無上瑜伽的實際派，也即是紅教喇嘛的先驅。

但是，切勿以為此等修法即是縱欲，或是淫猥。其末流之輩，自不免藉修法之名而享淫樂之實；初期的此派學者，卻不是荒唐的淫亂之徒，他們既視此為最高的神聖，且亦有種種的儀軌限制。不過，此法原非出於佛教，並由於此法之實行而傷害了佛教的慧命。

大樂思想的源流　左道密教的大樂（Mahāsukha）思想，是出於《金剛頂經》，例如《金剛頂一切如來真實攝大乘現證大教王經》卷上（《大正藏》十八．二〇九頁中—下）有偈：「奇哉自性淨，隨染欲自然；離欲清淨故，以染而調伏。」又說：「此是一切佛，能轉善哉相，作諸喜金剛，妙喜令增長。」

金剛（Vajra）是天神之通名，均為侍衛本尊佛的眷屬，而以金剛薩埵為上首。在密教說，金剛即是佛的顯現，所以也即是本尊。在同經的卷中，敘述世尊毘盧遮那，入各種供養三昧，其有一切如來適悅供養三昧、寶鬘灌頂三昧、歌詠供養三昧、舞供養三昧等等，各各三昧，均有大天女從自心出。並說：「由貪染供養，能轉諸供養。」這是欲界天人生活的祕密化。既有天女作諸供養，淫樂的行為，已經躍然欲出了。

再追蹤此一思想的根源，它是來自印度教的性力派（Śākta），或者音譯為鑠乞多派。根據日本姉崎正治的介紹，印度教的濕婆派之分支，由對於濕婆神之威力崇拜而引出生殖力崇拜及女神崇拜。濕婆的威力之中，有男女的生殖之力，生殖則由其妻擔任，故而生起崇拜濕婆之妻的一派，這便是女神的性力崇拜。對於濕婆崇拜的右道派而言，於此女神的性力崇拜，便稱為左道派。

但此女神有惡與善兩方面的性格，她的威力使用於破壞之時，即是死之女神，稱為卡利（Kālī），她的形貌是散髮、張口、執劍、殺人，以血潤其喉，用骨環其頸。她的另一個名字叫杜爾嘉（Durgā），原係頻陀耶（又譯頻闍耶）山的處女神，從史詩時代之後，始成為濕婆的妻，她的形貌是全身金色、騎虎、十手執兵器、殺惡魔。

此一女神的性格實在是很難捉摸，所以她的名字也極多，約有一千個，例如又有愛欲女神迦彌息芙利（Kāmeśvarī），清淨女神維摩拉（Vimalā），大智女神摩訶般若（Mahāvidyā），生育女神與大母神摩訶摩底（Mahāmātṛ），戀愛肉欲女神那逸迦（Nāyikā），行法修驗的女神瑜伽（Yoginī）。總之，宇宙的任一部分，不論破壞與溫和，均為此一女神的屬性。萬物均由女神的性力而生，故此引起以肉欲的放逸為崇拜女神的極致。

此派既以恣意的肉欲為事奉女神及崇拜女神的方法，所以在他們集會崇拜之際，即以一個裸體女子為崇拜的本尊而圍繞，先飲酒（madya），再食肉（māṃsa）、食魚（matsya）、期待性交（maithuna），最後即以男女亂雜之歡樂（mudra）為終結，合稱五摩字真言。他們將此集會密稱為聖輪（śrīcakra）。最後的性交，乃是最祕密最緊要最神聖的儀式。

以此而被攝入密教的無上瑜伽，便配上了「先以欲鉤牽，後令入佛智」的觀念，就用明妃來相應，以佛母來相應，以性交為修行了。

又因女神崇拜性力派的經典，稱為怛特羅（Tantra），其數甚多，大抵是濕婆與他的妻的對話，其成立的年代雖不明確，唯其最古部分似從第七世紀開始。故到密教的典籍，也以怛特羅為名了（見《印度宗教史》二六二——二六六頁）。若以怛特羅為因相、性相、果相三相相續成就的教說，乃為西藏密教的解釋。（見龍山章真《印度佛教史》二四三及二四四頁）

生殖崇拜　再查性力崇拜的源頭，乃是原始宗教由庶物崇拜而演化成功的。不過，據姉崎正治所說，庶物崇拜雖為印度原始宗教的型態，至於男女生殖器的崇拜，在《吠陀經》中並未發現，而且也不是印度土著的信仰，所以推斷是由外來文化的輸入，而被印度教所吸收的。但在《富蘭那》文學中，既以濕婆及其妻來做為宇宙之破壞力與再生力的表現，故亦採用男女生殖器來做為此兩種力量的表徵了。

梵文將男陰稱之為鄰伽（Linga），將女陰稱之為憂尼（Yoni）。但此男女生殖器的偶像，絕不可用人工雕刻，而是以天然石塊之形似男女生殖器者，做為崇拜的對象。可見此亦不過是由庶物崇拜的演變，原來僅以之象徵濕婆及其妻的破壞與再生的自然威力，毫無淫穢的涵義。但是由生殖器崇拜轉而為男女的性交，確係順理成章的事。（《印度宗教史》二一六——二一七頁）

如願考察的話，崇拜男女生理之神祕，幾乎是世界好多民族的共同觀念。這是在原始時代的一些先知先覺者，根據男女和合而得的結果，做為推測宇宙萬物生滅現象的原理；想像天地之生育萬物，亦如父母之生育子女。再推而演化，即以男女生殖器來象徵天地之威德，成為生殖器崇拜（phallic worship）。此種風俗，曾行之於希臘、羅馬等地，迄今仍殘存於印度教中。

即以中國的《易經》來說，多少也是生殖器崇拜的亞流。《周易》將龍形容乾，以牝馬形容坤，以乾坤稱天地，天地成陰陽，陰陽交而萬物生。又以「⚊」爻象徵乾，「⚋」爻象徵坤，實即男女生殖器的符號而已。

《繫辭》上傳第六章中說：「夫乾，其靜也專，其動也直，是以大生焉；夫坤，其靜也翕，其動也闢，是以廣生焉。」這是說明了男女生殖器的動靜狀態及其功能。

《繫辭》下傳第五章又說：「天地絪縕，萬物化醇；男女構精，萬物化生。」這是說明了陰陽和合的結果。

《繫辭》下傳第六章，說得更明白：「乾，陽物也；坤，陰物也。陰陽合德而剛柔有體，以體天地之撰，以通神明之德。」這是由男女陰陽的觀念，推展而為天地神明的大道理。上傳第五章已說到「一陰一陽之謂道」，是天地的自然之道，也是男女的人倫之道；又說「陰陽不測之謂神」，變化而不可捉摸的力量，就是神。古代以「神道設教」，其原則已盡備於此了。

《易經》的《繫辭》，是孔子對於周公所作《易經》卦爻的解釋，儒聖既做如此觀察，當不致有誤的了。但此確係先民對於宇宙人生的一種莊嚴而偉大的考察，以致後世的方士，將此演為房中術，印度的性力派，視之為實際的行事，由此看來，也是不足為奇了。

佛教的滅亡　當然，原始的先民，以男女生殖之事，演為宗教的信仰，我們不應抨擊其為愚蠢，如果今人而仍奉行原始先民的信仰，那就愚不可及了。

密教，也確有許多優點。真言密咒及瑜伽行法，也確有相當的效驗；縱然是雙身法及房中術等，也多少有些生理學上的根據。近代的中國密教學者，大多也對道教的方術深感興趣，原因即在於它們之間，確有相通之處。

但以佛教的本質而言，唯有理解並實踐四諦法，才能達成真解脫的目的；唯有實踐戒、定、慧三無漏學及四攝六度，才是真正的成佛之道。若藉佛法之名而行外道之實，佛教豈能不亡！

因此，到了波羅王朝的第十七代，羅摩波羅王時，無畏現護即成了印度密學的殿軍。其後不久，第十八代夜叉波羅王時，大臣羅婆斯那篡位，波羅王朝即告覆亡，繼之以四代約八十年的斯那王朝。現將波羅王朝與佛教有關的大事年代，列表如下：

王名	西元	中國時代	大事
第一代 瞿波羅	600-705	唐高宗至唐中宗時	波羅王朝開創，義淨赴印
第二代 提婆波羅	706-753	唐中宗至唐玄宗時	善無畏、金剛智、不空來華，寂護與蓮華生相繼入西藏
第四代 達摩波羅	766-829	唐德宗至唐敬宗時	始建超戒寺，師子賢及智足弘密
第七代 摩醯波羅	848-899	唐宣宗至唐昭宗時	毘覩波及時輪足弘密，勝友入西藏
第十一代 荼那迦波羅	955-983	後周世宗至宋太宗時	超戒寺出六賢門
第十三代 涅耶波羅	1015-1050	宋真宗至宋仁宗時	超戒寺的阿底峽入西藏

第十八代 夜叉波羅	1138-1139	南宋高宗時	大臣羅婆斯那篡位，王朝滅亡

然而，即在波羅王朝偏安之初期，伊斯蘭教的摩訶末將軍，就開始占領了印度河流域。西元十世紀後半期，伊斯蘭教占領喀布爾並奠都於彼，又侵旁遮普，遂入內地，先後達十七次。穆斯林的戰士們，深信殺死異教徒為其求生天國的方法之一，所以每入侵，必將原有的佛寺焚毀，屠殺佛教的信徒，則更不用說。

到了十一世紀，波羅王朝末期及斯那王朝時代，伊斯蘭教軍隊更加深入，終將佛教的最後據點之東印一隅，也被一掃而光。於是，密教的大師星散，多經喀什米爾諸地而避入西藏，部分則逃至尼泊爾一帶。碩果僅存的那爛陀寺，也只剩下七十餘人。不久王室改宗伊斯蘭教，未逃出的佛教徒，不改信伊斯蘭教，便入於印度教，西元十二世紀之末，佛教便在印度絕跡了。

從上可知，佛教之在印度滅亡，有兩大因素：一是佛教自身為了迎合印度的外道，結果也變成了與外道合流而使自己融入於印度教中。二是伊斯蘭教軍隊的屢次入侵與徹底摧毀，而使佛教沒有了容身之地。

第三節　印度的近代佛教

復興的曙光　經過伊斯蘭教殲滅之後的印度佛教，在我國南宋寧宗（西元一一九五——一二二四年）之時，即告消聲匿跡。在政治方面，伊斯蘭教人入侵之後，建立了莫兀兒帝國。相繼而來的是歐洲的白人，先後有葡萄牙人、荷蘭人、英國人、法國人，最後便由英國全面統治，而於西元一八七七年成立了英印帝國，英國的維多利亞女王，兼做了印度的皇帝。

迄西元一九四八年，始獲得獨立。但在獨立以前的一年，已經由於穆斯林及印度教徒的相互仇視而在英國政府的監督下，將印度的版圖，分割為印度及巴基斯坦，成了兩個國家。

正由於異民族的長期統治，同時有若干知識分子也受了時代思潮的激動，所以爭取民族獨立，主張民權平等的要求，便日益迫切。為了團結全民以對抗外侮，為了同情賤民階級的悲苦生活，就有甘地先生應運而起。甘地堅持不合作及不用暴力的主義，以反抗英國政府；他穿上了賤民的服裝，以提高賤民階級的自尊。

我們知道，印度教是階級主義的宗教，印度教之能在伊斯蘭教入侵數百年後尚未滅亡，是由於他們的戰鬥精神，所以，甘地的非暴力主義及賤民平等思想，並非印度教的產物，倒與佛教吻合。甘地自己也說：「印度教中把不可接觸列為教規，那是一種腐化的部分，或只是一個贅瘤。」又說：「請看菩薩（係指釋尊）的慈悲，不但施於人類，而是廣泛及於一切生物。」（《甘地自敘傳》第七章）

事實上，今日的印度人民，已不仇視佛教，且以佛教發源於他們的國家為光榮，甚至印度的前總理尼赫魯說：「印度是佛陀的祖國，佛教教義崇尚和平，向世界宣揚佛教的和平主義，是我們每一個佛子都應有的責任。」（星雲法師《海天遊蹤》一六六頁，一九六四年初版，覺世旬刊社出版）

因此，佛教在印度，已經露現了復興的曙光，雖其人數的比例，尚是印度各大宗教中的第六位，它們的次第如下：

（一）印度教：三億零三百一十八萬六千九百八十六人。

（二）伊斯蘭教：三千五百四十萬零一百一十七人。

（三）基督教：八百一十五萬七千七百六十五人。

（四）錫克教：六百二十一萬九千一百三十四人。

（五）耆那教：一百六十一萬八千四百零六人。

（六）佛教：一十八萬零七百六十九人。

（七）拜火教（祆教）：一十一萬一千七百九十一人。

（八）猶太教：二萬六千七百八十一人。

（九）各部落原始宗教：一百六十六萬一千八百九十七人。

以上統計，係出於一九六〇年日本出版的《佛教大年鑑》十七頁。其中所列的錫克教（Sikhism），它由生於西元一四六九年的難能教主（Guru Nanak）所創，他出生於旁遮普地方的武士階級，鑑於印、伊兩教的衝突而研究各宗教教理，發現印、伊二教的上帝只有一個，它是超乎世間，而永恆存在。他主張內心的真純信仰，不同意偶像的崇拜。

重視佛教　近世以來的印度，除了其民族獨立運動需要佛教的思想，在國際上的許多學者，也給佛教帶來了新的希望，由於印度佛教遺跡的繼續發掘出土，以及梵文和巴利文佛典的研究考察，已向世界公布：佛教雖是古老，佛陀的教義，卻被發現仍是如此新鮮而合乎時代思潮的要求。

印度政府為了配合這一形勢，特別設有考古部，派員四處探尋佛教的遺跡，如今，凡是已被發掘出土的，均加保護，並整理其環境，同時在加爾各答及鹿野苑

（Sarnath）等處，成立博物館，儲藏陳列各項佛教的古物，以供來自各國的學者及朝聖者的觀摩參禮。

據朱斐居士說：「印度政府在近十年來……將每一處通達聖地的公路上鋪了柏油，各處聖地也裝了電燈，並且在每一聖地，都建有政府的招待所，以接待各國來印朝聖的佛教信徒。政府機關首長的辦公廳裡，除了甘地先生的遺像外，多加上了一幅佛陀聖像。」（朱斐《空中行腳》三十六頁）

印度重視佛教的表現，尚有在一九五六年，由政府主辦了釋尊滅度二千五百年紀念大典。一九六〇年，又在德里建設一所佛陀紀念公園（Buddhajayanti Park）。一九六四年，又由政府協助，在鹿野苑召開了第七屆世界佛教徒聯誼會。

正由於政府重視佛教，凡是去巡禮佛陀聖蹟的外國人，無不受到印度朝野的竭誠歡迎。例如西元一九四〇年一月，太虛大師訪問印度，即有這樣記事的詩句：「甘地尼赫魯太虛，聲聲萬歲兆民呼；波羅奈到拘尸那，一路歡騰德不孤。」又於一九六三年，白聖法師率團前往朝聖，也受到了印度總理尼赫魯的親切接見。

但是，要介紹近代的印度佛教，必須記得另外兩位偉大的居士，那就是達摩波羅及安培克兩位功臣了。

達摩波羅　達摩波羅居士（Dharmapāla Anagarika，西元一八六四——一九三三年），生於錫蘭可倫坡市的一家家具製造商的家裡，他的家人信佛，卻把他送往一間基督教的學校受教育，但他不願接受基督教的信仰。後來，他受到美籍的佛教徒鄔克德上校（Colonel Henry Steel Olcott，西元一八三二——一九〇七年）的感化，便對佛教的信念堅固起來，進而研究佛教，接著便宣誓將以復興佛教為其畢生的目的。

西元一八九一年，達摩波羅首先到印度巡禮了鹿野苑，見到昔日的聖地，竟是一片荒涼的景象，他又到了佛成道處的佛陀伽耶。當年他才二十九歲，正好是釋尊出家的年齡。這次造訪，給了他更多的啟發，於是下定決心，就在那年十月的下旬，召開了重興聖地的國際佛教徒會議。

西元一八九二年，他即以「印度教與佛教之關係」為題，初次在加爾各答傳道，並創設大菩提會事務所，創《摩訶菩提雜誌》，藉以聯絡各國教友。因此，他又訪問了美國、夏威夷、歐洲、日本等國家地區，在各國教友的援助下，他的大菩提會（Mahābodhi Society）終於成立。他以佛教已被放逐了八百年之後，現又重回故鄉而自慰，並且以此勉人。他說他要以佛陀超越一切階級的信條，來奉贈給印度的人民。

達摩波羅居士在印度為復興佛教，工作了四十多年，廣傳教義，培植人才，設立分支機構，便利朝聖的教友。例如在鹿野苑的摩訶菩提社，對於前往朝聖的人，均予借住，唯膳食自理；現在加爾各答的該社，也有專供朝聖教友們住宿的房舍。

他病逝於西元一九三三年四月二十八日，但他給予印度佛教的生機再現之功德，將永為後世敬仰和讚揚。

安培克博士　安培克博士（Dr. Bhimrao Ramji Ambedkar）本生於被印度教視為「不可接觸」（outcaste）的賤民之家，故他在少年時代即遭受到各種場合的歧視和虐待，印度教的種種制度使他深深地感到不滿。後來有一位基督教的傳教士，認為他可以造就成為一個基督徒，便協助他留學英國，並取得法學博士的學位。二次大戰後，印度獨立，他被任命為第一任司法部長，又成為印度新憲法的起草人及新印度的指導者之一。但他感到，若要改革社會制度的弊端，最徹底的辦法，唯有實現佛教的四姓平等的社會，方能解救賤民階級的疾苦。於是，他便宣布，自己改信佛教，勸導他的賤民群眾信佛，並於一九五五年發起佛教主義運動。

終於，在一九五六年六月十四日，安培克博士夫婦，率領了他的群眾約五萬人，在印度中部拿格浦爾市（Nagpur）一個四十英畝大的廣場上，由印度當代最負盛名的司塔維拉法師（Ven. U. Chandramani Mahāsthāvira），主持典禮，代表僧團，接受他們的集體皈依。同時皈依的，尚有前高等法院院長尼奧基博士（Dr. M. B. Niyogi），以及梅令達大學院校長契拿司（Sri. M. B. Chitnavig）等社會名流。

可惜，這位虔信佛教的法學博士，竟於同年的十二月間，抱病出席於尼泊爾召開的世界佛教徒友誼會第四屆大會時，在他演說之後，即與世長辭了。

但是，他對佛教經過三十年的研究之後，所完成的一部《釋迦和他的宗教》，已於一九六八年十一月二十四日「全印度佛教會議」中通過，被採用為印度新佛教徒的聖典。可見他對印度佛教的復興運動，影響之大而且深了。

佛教學者的活動　佛教在印度，自從印度教復興之後，已為印度教所吸收，他們不以佛教為一獨立的宗派，而是將佛教與濕婆崇拜及毘濕笯崇拜，視為同一個宗教。唯在錫蘭方面，仍以巴利語聖典的傳持，維繫著上座部佛教的純一的信仰。

近世以來，印度與錫蘭兩地，對於佛教雖各持不同的態度，但在研究方面，均有很多人才和許多貢獻。唯在印度的佛教學者，因其不能將佛教置於獨立的地位，總以印度教做為正統的思想，所以不無缺點。然而，印度學者接受了西方人的治學方法，故能持一客觀和批判的態度來研究佛教。他們研究的對象，初受錫蘭的影響，著眼於巴利語聖典；後來擴大範圍，乃以梵文及巴利文聖典為主，做語言學及文獻學的考察，旁及哲學、考古學、歷史學和美術等的研究。最近又增設了專攻佛教學的大學和研究所，同時派遣留學生至日本等地，研究佛教。

當然，印度佛教的復活，既是仰助於達摩波羅的反哺，在學術上的啟蒙，也不例外，達摩波羅的摩訶菩提協會創立之後，即有幾位印度學者，去錫蘭研究巴利語，因而奠定了印度近代佛學的研究基礎。

西元一八九二年，便由印度人，在加爾各答創立了佛教聖典協會（Buddhist Text Society）。在此之前，則有彌多羅（Rājendralāl Mitra，西元一八二四—一八九二年）、斯脫利（Hara Prasāda Śāstri，西元一八五三—一九三一年）和達斯（Sarat Chandra Das，西元？—一九一七年）三人，為近世印度佛教學的草創者。彌多羅著有《尼泊爾佛教目錄》（*Sanskrit Buddhist Literature of Nepal*，西元一八八二年），西元一八八八年又出《八千頌般若》的校訂版。斯脫利曾協助彌多羅對於尼泊爾佛教文獻的整理，後來則親自到尼泊爾做了兩次尋訪佛典的寫本，並且校訂了《不二金剛集》（*Advayavajra-samgraha G. O. S.*，西元一九二七年）。達斯乃為印度人研究西藏佛教的先驅，他進入西藏，踏訪藏文佛典，並對喇嘛教進行調查的結果，除了撰寫報告 *Indian Pandits in the Land of Snow*（西元一八九三年）等之外，又於西元一九〇八年校訂了西藏語的佛教史《如意法善樹》，西元一九〇二年則著成《藏英辭典》。

以上三人，也可算是「佛教聖典協會」的先驅者。此後，該會的工作是每年刊行年報、校訂原典、翻譯和出版，與孟加拉亞洲協會（Royal Asiatic Society of Bengal，西元一七八四年）合作，成為印度學者研究佛教的中心。

其次，要推達斯的弟子韋提耶勃莎那（Satish Chandra Vidyābhūṣaṇa，西元？——一九二〇年），他曾協助達斯，擔任佛教聖典協會的事務。他初學於加爾各答大學，後至錫蘭研究巴利語佛教，歸國後便任加爾各答大學的校長，他的專長是印度論理學，著有《印度論理學史》（*History of Indian Logic*，西元一九二二年）等，乃為研究因明學的基礎書。他的繼承者是白羅亞（Beni Madhab Barua，西元？——一九四八年），擔任加爾各答大學巴利語的主任教授，他的主旨是在究明佛教之所以成立的歷史背景，故著有《佛教以前的印度哲學史》（*History of Pre-Buddhist Indian Philosophy*，西元一九二一年）以及邪命外道之研究等的論書。

同在加爾各答大學內的印度佛教學者，尚有巴他茶利耶（Vidhushekara Bhattacharya）與 B. C. 勞（Bimala Churn Law）兩位教授，前者以研究梵文及藏文文獻為主，後者則為巴利文文獻的大師。

巴他茶利耶曾於西元一九三一年，將龍樹的《大乘二十論》及提婆的《四百論》由藏文還原為梵文，西元一九二七年則將《因明入正理論》譯為印度文，並且著有《佛教的基本概念》（*The Basic Conception of Buddhism*，西元一九三二年），迄今仍以垂暮之年，校訂《瑜伽師地論》的梵本中。

B. C. 勞的學術領域很廣，除了佛教教理的研究之外，對於佛教史、社會學、地理學、民族學和耆那教等，均有深入的研究，所以他的著作，已達五十冊，乃為近世印度學者之中著作量最多的一位。在研究工作上，他是白羅亞的後繼者，他的主要著述有巴利語聖典的校訂、英譯，和傳記的撰著，另有《巴利文獻史》（*A History of Pāli Literature*，西元一九三三年）、《古代印度之種族》（*Tribes in Ancient India*，西元一九四三年）等。

同為白羅亞的弟子，尚有達脫教授（Nalnaksha Dutt），他的最初著作有《大乘佛教的諸相及與小乘的關係》（*Aspects of Mahāyāna Buddhism and its Relation to*

Hīnayāna，西元一九三〇年）、《初期佛教的教團》（*Early Buddhist Monachism*，西元一九四一年），但他主要的特長在於梵文佛教，故於西元一九三四年校訂了《二萬五千頌般若》出版，一九五二年又校訂了《法華經》出版，此後繼續校訂含有《根本說一切有部毘奈耶》及《三昧王經》的《吉爾吉特寫本集》，當他在加爾各答大學退休之後，即任孟加拉亞洲協會的會長等職。

由於以上諸位大學者的熏陶之下，加爾各答大學的佛教學者輩出，儼然形成了一個加爾各答佛教學派。其中包括現任那爛陀大學巴利文研究所所長馬克爾傑（Satkari Mukherjee, *The Buddhist Philosophy of Universal Flux*，西元一九三六年）；一九五六年去世的師覺月（P. C. Bagchi）；格薩爾（V. N. Ghoshal）是著名的中央亞細亞考古學者；麥琴達爾（R. C. Majumdar）是專攻東南亞佛教史的學者。

與加爾各答大學同為佛教學研究之中心的，則為維濕瓦巴拉迪大學（Viśva Bharati），這所大學的特色，是以梵文與漢文佛典的研究為主。在巴咯卻教授擔任副校長期間，出有《二種梵漢語彙》（*Deux-lexiques Sanskrit-chinois*，西元一九二七、一九三七年）、《中國的佛教聖典》（*Le Canon Bouddhique en Chine*，西元

一九二七、一九三八年）。另有薩斯特利教授（N. Aiyaswami Śāstri），將漢文的《觀所緣論》、《稻芊經》、《大乘掌珍論》、《十二門論》等還原為梵文。Śānti Bhikṣu Śāstri 則將《發菩提心經》、《發智論》等還譯為梵文。摩克波提耶（S. K. Mukhopadhyaya）教授校訂了《三無性論》及《金剛針論》等書。帕羅塘（Pralhad Pradhan）教授校訂了《阿毘達磨集論》，於一九五〇年出版。

另有摩訶菩提協會，在鹿野苑設立出版社，將巴利語聖典，譯成印度方言出版，該會僧侶會員的攝化對象，多為印度人及歐洲人，因其不乏飽學的比丘。

現在佛陀的祖國，已有幾所研究佛學的中心，例如普陀那的伽耶斯瓦研究所（Kashi Prasad Jayaswal Research Institute）、那爛陀的巴利文研究所（Nālandā Pāli Institute）、波奈勒斯的印度大學等。

總之，在今日的印度，研究佛學的風氣，已不寂寞，並已有了相當的成就。

（以上取材於日文《近代佛教講座》第一卷二六九—二七六頁）

教團的概況　今日印度的佛教，在文獻的整理和研究方面，雖不乏高人，在教徒的攝化方面，卻尚不夠理想。也就是說，知識的或學問的佛教，固然已經在上層結構的大學裡生根滋長；信仰的或生活的佛教，還未能夠滲入印度人的社會，更未能夠普及民間。縱然印度教徒也崇拜佛陀，那卻不是真正的佛教。據朱斐的《空中行腳》三十七頁說：除了印度僧伽，現在錫蘭僧十五人、緬甸僧十二人、日本僧六人、中國及泰國僧各十人，信徒僅得四百萬人。又據查詢所知，印度比丘及沙彌約二十多人，能夠弘法的比丘，僅三、四人而已。這以印度人口的比率來說，實在是太少了。

佛寺的建築，現有印度的、錫蘭的、緬甸的、日本的、泰國的和西藏的。中國則有李俊承居士捐資、德玉法師督建於鹿野苑的中華佛寺，由果蓮比丘尼建於拘尸那羅釋尊涅槃處的極樂寺，由永虔法師建於佛陀伽耶的大覺寺，由仁證法師建於舍衛國的華光寺，由福金喇嘛建於那爛陀的中華佛寺。

正由於佛教的教團，在印度尚極脆弱，目前急需展開佛教信仰的復興運動，印度政府也有意協助。只是弘法及住持佛教的僧尼太少，所以，印度人以及在印度的中國人，盼望能有更多的僧尼前去印度，為復興印度的佛教而獻身。

智慧海 33

印度佛教史

A History of Indian Buddhism

著者	聖嚴法師
出版	法鼓文化
總審訂	釋果毅
總監	釋果賢
總編輯	陳重光
編輯	詹忠謀、李書儀
封面設計	賴維明
內頁美編	胡琡珮
地址	臺北市北投區公館路186號5樓
電話	(02)2893-4646
傳真	(02)2896-0731
網址	http://www.ddc.com.tw
E-mail	market@ddc.com.tw
讀者服務專線	(02)2896-1600
初版一刷	1997年11月
四版一刷	2023年9月
建議售價	新臺幣400元
郵撥帳號	50013371
戶名	財團法人法鼓山文教基金會－法鼓文化
北美經銷處	紐約東初禪寺
	Chan Meditation Center (New York, USA)
	Tel: (718)592-6593
	E-mail: chancenter@gmail.com

法鼓文化

國家圖書館出版品預行編目資料

印度佛教史 / 聖嚴法師著. -- 四版. -- 臺北市 :
法鼓文化, 2023. 09
面； 公分
ISBN 978-626-7345-03-0（平裝）

1.CST: 佛教史 2.CST: 印度

228.1 112011831